TRAVEL WITH
SUZHOU
MUSEUM

跟着苏博去旅行

苏州博物馆 编

江苏凤凰文艺出版社

图书在版编目（CIP）数据

跟着苏博去旅行 / 苏州博物馆编 . ── 南京：江苏凤凰文艺出版社，2023.6（2024.4 重印）
ISBN 978-7-5594-7705-7

Ⅰ.①跟… Ⅱ.①苏… Ⅲ.①博物馆—介绍—苏州 Ⅳ.① G269.276.33

中国国家版本馆 CIP 数据核字（2023）第 081654 号

跟着苏博去旅行

苏州博物馆　编

出 版 人	张在健
策划编辑	张　遇　费明燕
责任编辑	高竹君
校　　对	赵卓娅
责任印制	刘　巍
装帧设计	焦莽莽
图片提供	苏州博物馆
手绘插画	龙　欢
出版发行	江苏凤凰文艺出版社
	南京市中央路 165 号，邮编：210009
网　　址	http://www.jswenyi.com
印　　刷	苏州市越洋印刷有限公司
开　　本	889 毫米 ×1194 毫米　1/32
印　　张	6
字　　数	150 千字
版　　次	2023 年 6 月第 1 版
印　　次	2024 年 4 月第 2 次印刷
书　　号	ISBN 978-7-5594-7705-7
定　　价	88.00 元

江苏凤凰文艺版图书凡印刷、装订错误，可向出版社调换，联系电话 025-83280257

编委会

主　　编　谢晓婷
副 主 编　陶苏卫　茅 艳　李 喆　孙明利
执行主编　陆 军　杨倩菲
摄　　影　糜嘉浩

目 录

博物馆，
一座城市的旅游指南 / 006

行前速览

城市速写 / 011

季节与天气 / 012

交通与出行 / 014

灵感启发 / 017

第一篇章 **博物广识 苏博全攻略**

关于苏博 / 020

苏博建筑 / 021

苏博展览 / 025

发现不一样的苏博体验 / 033

第二篇章 博物读城 苏博打卡圈

本馆周边 / 054

西馆周边 / 078

第三篇章 博物知旅 苏博下一站

下一站去哪儿，听文物的 / 090

下一站，园林 / 095

下一站，水乡街巷 / 115

下一站，苏州味道 / 128

下一站，寻艺逛展 / 139

下一站，刷保 / 146

下一站，非遗之旅 / 159

下一站，金鸡湖 / 165

下一站，太湖 / 168

下一站，古镇 / 172

博物馆，一座城市的旅游指南

1960年，苏州博物馆成立。此后数十年的时间里，这座坐落于姑苏区忠王府古建筑中的博物馆，在岁月变迁中，默默承担着保存苏州文物、守护苏州古城历史记忆的职责。

2006年，由建筑大师贝聿铭设计的苏州博物馆新馆建成开放。一座置身现代粉墙黛瓦庭院中的博物馆，打通了与城市联通的更多关节，开启了苏博的故事新篇。从此，这里成为一处真正感受苏州的文化场域，成为苏州的新地标，成为很多人了解苏州的开始。

2021年，苏州博物馆西馆开放。在这座用现代外观模仿苏州街巷的博物馆里，首个通史陈列"纯粹江南"和全面展示苏州手工艺门类的陈

列"技忆苏州"面世，为全面寻访苏州历史和非物质文化遗产提供了博物馆中的检索方案。前沿的国际合作馆和探索体验馆，让这座城市会客厅更加开放、多元。

随着越来越多的游客将博物馆设定为"旅行第一站"，博物馆已然成为旅游中了解一座城市的窗口。游客可以从博物馆的展览展示、建筑空间、运营理念中，感受一座城市的过去、现在、未来。

当怀着了解苏州的心情走进博物馆，相信每位游客心中都会呈现出一份虚拟的"旅游指南"。而这本小书，尝试把心中的"指南"实体化，去展示苏博的各个面向，去开启走出苏博后的"下一站"。

文化没有固定的形状，旅游不存在万能的定式。每个人心中都有一万种源于本真的苏州旅行灵感，我们不会去定义什么，只是尝试展示出——也许，可以这样试试！

走吧！

观展

· 博物苏州　一城百馆

访古 ·

千载吴地 古韵悠悠

知苏·

小桥流水 自在天堂

行 · 前 · 速 · 览

城市速写

苏州，简称"苏"，古称姑苏、平江，地处长三角中部，东傍上海，南接浙江，西抱太湖，北依长江。截至2022年末，苏州市下辖姑苏、虎丘、吴中、相城、吴江5个区及苏州工业园区，代管常熟、张家港、昆山、太仓4个县级市。

"君到姑苏见，人家尽枕河"　苏州，仿佛镶嵌在江南沃土上的璀璨明珠。太湖的绝大部分水域在苏州境内，河湖众多、水网交错。城市聚落依水而生，小桥流水夜航船，是典型的江南水乡风貌。

"茂苑城如画，阊门瓦欲流"　苏州是首批国家历史文化名城之一，有着近2500年的建城史。历史的时空与脚下的土地不断交融，滋养了独特的人文风貌。现有苏州古典园林、中国大运河苏州段两项世界文化遗产。

"姑苏城外寒山寺，夜半钟声到客船"　苏州名人辈出，从春秋时的南方夫子言偃，到写下《枫桥夜泊》的张继，再到名噪一时的吴门四家、江南四大才子，历代文人在这里留下翰墨文章，将城市挥洒为可阅读的诗篇。

"江南最忆凡几处，其中最忆吴江隈"　苏州是名副其实的百园之城、百馆之城、非遗之城、美食之城，独特的江南气质和城市美学，吸引一代代人来到这里寻找一个个江南梦。

时光流转至今，苏州在留存古典雅致的同时，又不失现代开放。多元文化和潮流气息与古城形成奇妙的张力，共同织就了精美绝伦的城市"双面绣"。

季节与天气

苏州四季分明，1月份气温最低，最低温度0℃左右；7、8月份炎热少雨，需注意防暑防晒。春季格外舒爽，3月初至4月是本地不可错过的赏花季，梅花、玉兰、海棠、樱花相继绽放，不到园林，必不知苏州春色如许。11月前后是本地赏秋季，红枫、银杏、芦花、水杉，色彩缤纷，其时暑气渐消，最宜乐游江南。

降水方面，每年6月为长江中下游地区特有的梅雨季节，持续多雨；春秋季则多蒙蒙细雨，形成典型的烟雨江南景致，出行要记得携带雨具；冬季罕见降雪，能欣赏到园林雪景是极为幸运的体验。

【左】春·网师玉兰
【右】夏·耦园绿荫

【上】秋·暖阳熹微
【下】冬·留园初雪

交通与出行

城际交通

机场 航班出行可就近选择苏南硕放国际机场（无锡）、上海虹桥国际机场、上海浦东国际机场。从古城区前往硕放机场，需要约1小时车程，前往虹桥机场则需要1.5小时，请提前规划好城际交通时间。

火车站

苏州北站：位于相城区南天成路，距离古城区约30分钟车程。

苏州火车站：背靠古城区城墙及护城河，是距离姑苏区最近的火车站。

汽车站 有苏州南门汽车客运站、苏州北广场汽车客运站、苏州汽车客运西站等。

市内交通

地铁 截至2022年，苏州已运营5条轨道交通线路，另有多条线路在规划及施工中。苏州火车站、苏州北站、观前街、平江路、山塘街、苏州中心、金鸡湖月光码头等热门文旅目的地附近均有站点。

距离苏州博物馆本馆最近的地铁站是4号线北寺塔站（2024年6月起，为6号线拙政园站），距离西馆最近的地铁站是（1/3号线）狮子山站。

目前地铁售票支持电子支付，自助扫码进站可使用带NFC功能的手机及"苏e行"App。

地铁服务热线：0512-69899000

公交　苏州公交站点较为密集，主要道路、景区景点附近都有公交站，发车间隔在 8—15 分钟。

自驾　苏州有大量**外省市牌照车辆禁行区**，有自驾规划请提前查询相关政策，推荐绿色出行。

骑行　苏州街头有大量城市公共自行车，前半小时内免费，大部分需要依赖停车桩借还，请提前查询好目的地周边还车点。商业共享单车也是不错的选择，但同样需要注意禁停区。如果你是骑行爱好者，环太湖、环古城、环金鸡湖都是热门的骑行线路。

特色交通

古城三轮车 很多景点附近都有怀旧的人力三轮车,既是富有特色的街巷风景线,也是串联旅游"最后一公里"的交通工具。旅行中2千米以内的短途转场可以考虑乘坐,但记得需要提前询价。

古城水上游 宋代《平江图》记录下了苏州街巷水路并行的格局,曾几何时,船行曾是这座东方水城的重要出行方式。时至今日,城内依然运行着多条游船线路。从博物馆到平江路,从山塘街到虎丘,从上塘码头到寒山寺,都可以体验乘船转场,也可乘坐**古运河游船**绕城而行,沿途欣赏两岸民居、古桥、街巷,别有意趣。游船的船票可在线上平台和码头现场购买 。

灵感启发

旅游服务

东北街、凤凰街、苏州火车站北广场等游客集中的点位设置有旅游咨询服务点，提供文旅咨询、行程规划、资料发放等服务。**"君到苏州"文化旅游总入口**，这个平台提供部分景点门票购买和预约、旅游线路购买等服务，还时常推出惠民促销。

旅途伴侣

文学 苏童的短篇小说集《香椿树街故事》，原型即是苏州的街巷生活；《清嘉录》《吴郡岁华纪丽》等岁时小品文，记录了恬淡闲适的江南生活；若想在行前深度了解世界文化遗产苏州园林，可以从陈从周的《苏州园林》和文震亨的《长物志》入手。

影视 与苏州相关的影视作品有极具江南文人氛围感的电影《柳如是》、化用昆曲题材的电影《游园惊梦》，以及展现20世纪苏州平民生活图景的苏式喜剧电影《满意不满意》等。对于喜欢纪录片的朋友来说，《苏园六记》《苏州史记》也是不错的选择。

音乐 除了到苏州一定要体验的昆曲、评弹、江南丝竹，近年来音乐爱好者们也发掘和创作了不少吴语唱作和江南纯音乐，可寻找类似歌单作为旅行背景音乐。

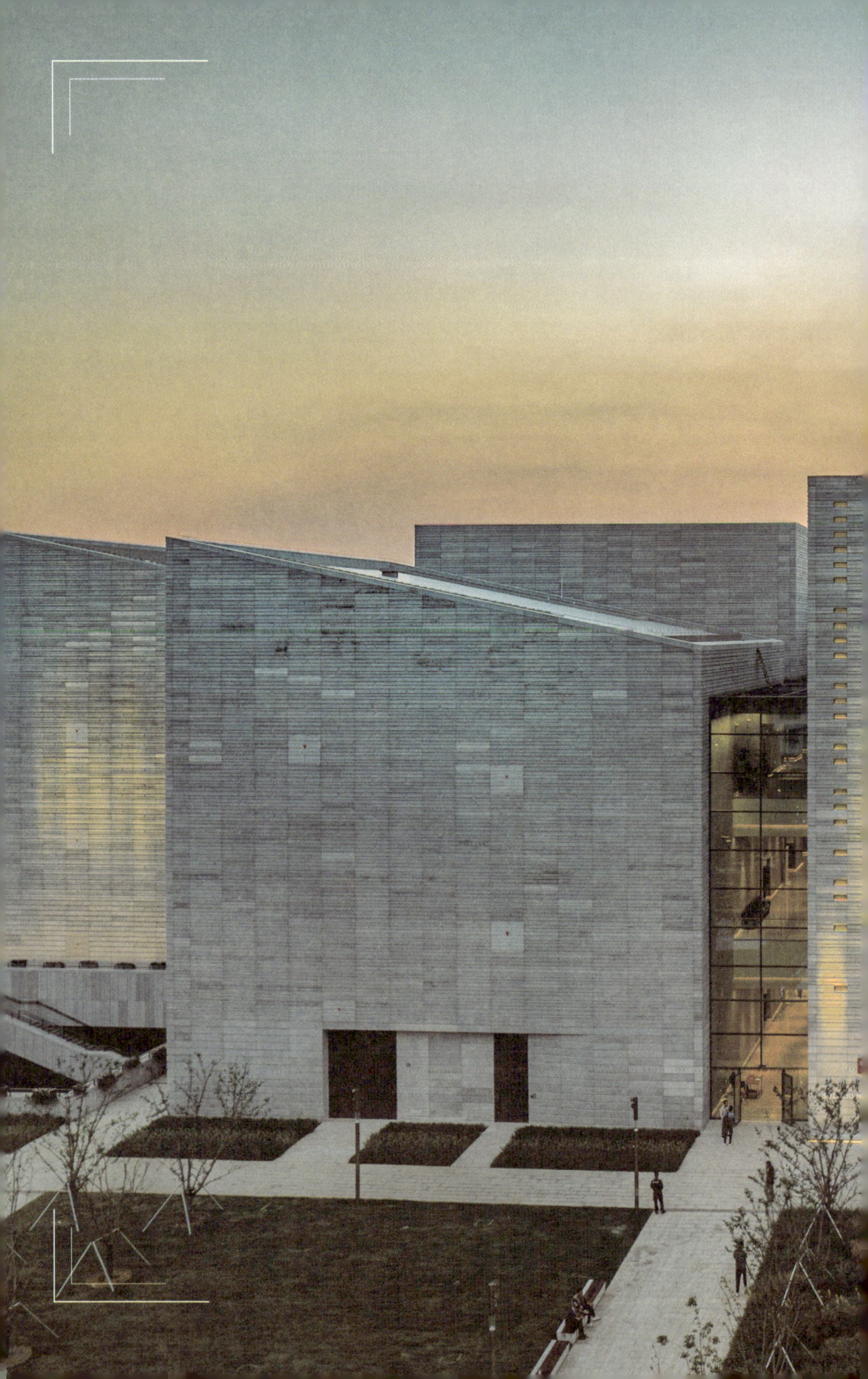

第一篇章

博物广识　苏博全攻略

关于苏博

苏州博物馆成立于 1960 年元旦，是收藏、展示、研究、传播苏州历史、文化、艺术的综合性博物馆，也是首批国家一级博物馆。馆藏以历年考古出土文物、明清书画和工艺品见长，截至 2023 年，藏品总数 24819 件 / 套。

苏州博物馆本馆：姑苏区东北街 204 号

苏州博物馆西馆：高新区长江路 399 号

开放时间：周二至周日 9:00—17:00（16:00 停止入馆）

每周一闭馆（国家法定节假日除外）

苏博建筑

近水远山·本馆

苏州博物馆本馆建筑,秉持"中而新,苏而新"的设计理念和不高、不大、不突出的原则,建筑色调以江南民居传统的粉墙黛瓦为元素,造型与所处历史文化街区的人文生态融为一体。

外部空间,独具匠心地将博物馆、建筑与园林融会贯通;内部构思,"让光线来做设计",用几何线条营造出光影变化,使空间变化多端,让景色随脚步变化,随视角变化,随心情变化。

建筑的点睛之笔——主庭院,由铺满鹅卵石的池塘、片石假山、直曲小桥、八角凉亭、竹林等组成,既不同于苏州传统园林,又不脱离中国人文气息和神韵,是在古典园林元素基础上精心打造的创意山水园。片石假山,背靠拙政园,"以壁为纸,以石为绘",新旧园景笔断意连。

水乡街巷·西馆

　　苏博西馆由德国 GMP 建筑事务所设计,体现了持久、简约、实用的现代设计理念。建筑外立面和内部墙体选用葡萄牙灰石材,自然独特的纹理、扎实稳定的品质,使得场馆外观素雅简洁、气韵十足。而"十个盒子"建筑单体的组合与交错的廊道,又与江南错落有致的民居、苏州水陆并行的街巷不谋而合。

　　国际化设计团队与小桥流水滋养出的江南文化相互碰撞,现代建筑追求的简洁明快与传统苏州园林的精致典雅相互交织,城市公共空间所需的通透感与文物陈列展示该有的藏露得宜相互借鉴……东方与西方、古典与现代间的张力体现得淋漓尽致。

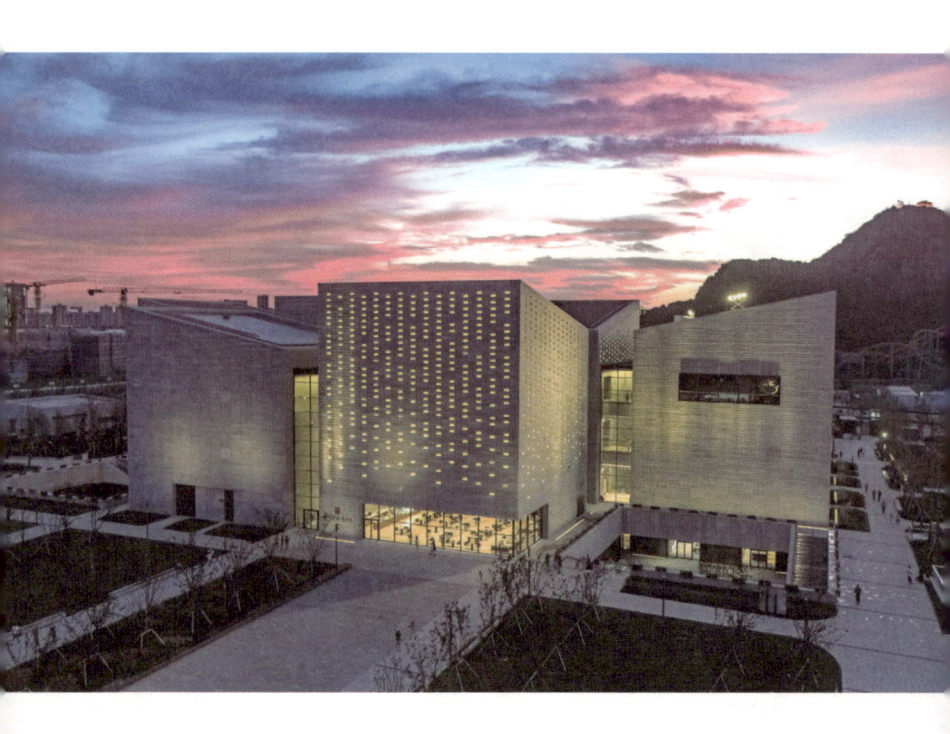

天国余晖·忠王府

苏州市太平天国忠王府，始建于1860年，是全国保存至今最完整的一组太平天国历史建筑物，属于全国重点文物保护单位。

忠王府集公署、住宅、园林等古典建筑形态于一体，以拙政园为基础，按照当时太平天国王府规制营建，不仅主体建筑庄重宏伟，彩绘、石雕、木雕等装饰更是精致华丽，是江南地区少见的高规格古建筑群落。

太平天国兵败后，同治十一年（1872）忠王府改为八旗奉直会馆，后几经变迁，于1960年改为苏州博物馆馆址。

欣赏了本馆的现代园林后，游观一墙之隔的古典园林，实为苏博之趣。

传统宅园·也是苏博

苏州民俗博物馆 位于狮子林后四进,部分为原贝氏家族的祠堂和住宅,现为全国重点文物保护单位。原建筑在民国时期由贝润生改建,因此在庭院深深之中又融入西洋风格,壁炉、瓷砖、地砖等处透露着中西合璧的气质。

亲仁堂张宅(古籍图书馆、故宫学院) 位于潘儒巷,始建于清代,由原址位于东北街的亲仁堂张宅和张氏义庄移建、合并而来,是苏州市文物保护单位。今古籍图书馆大殿原为祠堂,建筑上保留有多处彩绘;故宫学院教室,则保留原亲仁堂风貌。

过云楼陈列馆 建于清同治年间,是江南著名的书画、古籍收藏之所,享有"江南第一家"的美誉,现为苏州市文物保护单位。"过云楼"三个字,取意于苏东坡的"书画于人,不过是烟云过眼而已"。

苏博展览

[本馆展览]

与传统博物馆以通史展览作为基本陈列不同，苏博本馆的展陈设计别出新意，设置了吴塔国宝、吴地遗珍、吴中风雅、吴门书画四个彰显地域特色的精品文物陈列。走进一间间展厅，仿佛步入园林中的博古室……

吴塔国宝 一层西侧吴塔国宝展厅设两间展室，分别展示苏州两座标志性佛塔虎丘云岩寺塔和盘门瑞光塔内出土的国宝级文物。展室格局仿八角形塔心，独具匠心地借园景衬托文物，营造静谧氛围。秘色瓷莲花碗与翠竹，真珠舍利宝幢与黄竹，相互映照，相得益彰，风物联结风景，风雅融于风月。

吴地遗珍 展厅位于一层南侧，陈列苏州考古出土文物精品，有被誉为"江南史前文化标尺"的草鞋山遗址出土的玉器、陶器，春秋时期的吴越青铜器、玉器，六朝时期的青瓷，元代张士诚母曹氏墓出土的服装、金银器，明万历首辅王锡爵墓出土的忠靖冠、微缩明式家具等，精品荟萃。

吴地遗珍展厅分为晨光熹微、争伯春秋、锦绣江南、都会流韵四个展室，分段式呈现了苏州历史的数个高光时刻。每一件文物，都凝结着一段苏州历史；每一件文物，都承载着一段苏州地方与中央政权互动的故事。细致参观，可知吴地文化变迁之大概。

吴中风雅 展厅位于一层北侧,这是一个走进明清文人生活的陈列。展品包括明书斋陈设,瓷器、玉器等文人收藏,竹木牙角器、文具等偶寄闲情的赏玩之物,以及迎财神民俗摆件、织绣服饰等。通览可知苏式生活之风雅,苏州风土、风物、风俗之精致。

明代文人王士性曾说:"苏人以为雅者,则四方随而雅之;俗者,则随而俗之。"明清苏州在文人心目中,俨然是世间文人文化的代表。器物之精、华服之美、陈设之雅、文玩之趣,都成为当时社会风雅的指向标。走入吴中风雅展厅,当知时人所言非虚。

吴门书画 展厅位于主展区二层，这是一个时看时新的基本陈列。苏博以明清书画收藏见长，本厅定期轮换12个主题的展览。明清花鸟、仕女山水、对联书法、临古书画……静心观赏，留心细节，定会看到明清各流派的艺术风格和生活图景跃然纸上。

本馆特展 本馆现代艺术厅、负一层特展厅、忠王府楠木厅都会定期换展，除了建筑和常展中的江南风韵，这里月月有新展。前沿学术、现代艺术、地域文化、江南源流，都会在特展中呈现。

- "向美而生"长三角非遗系列特展
- 世界文化遗产（中国）系列特展
- 小主题书画系列特展
- "江南文化"系列特展
- 现当代艺术展特展
    　"与当代同行"系列　　"向大师致敬"系列
- 女性系列特展

西馆展览

纯粹江南　展厅位于西馆一层，这是一个以追溯"江南"文化气质演变为主线的通史陈列。从上古的因地制宜，到吴越春秋的尚武，再到宋以降的崇文……先民手中抟动的陶土、寒光凛凛的青铜剑、层层皴法绘成的山水画，不同时期的江南，有着不同的文化意象，赋予今天这片土地多元包容的文化遗产。

纯粹江南展厅由四间展室构成，真山大墓出土玉殓葬饰件、钧窑三足洗、碧纸金书《妙法莲华经》等珍贵文物，常在此展厅亮相。

技忆苏州 展厅位于西馆二层。玉雕、木雕、泥塑、织绣、年画……走进展厅如同置身百工汇集的苏州街肆，华丽的皇家御用品、精巧的文人雅玩、繁复的巨富家用，风格各异的工艺品在这里共生，形成了独特的姑苏繁华景象。

白玉大象、金饰头面、乐器摆件、昆曲泥塑、苏式家具等文物巧夺天工，深受观众喜爱。

国际合作 "立江南，观世界。"在苏州，感知世界文化不止走出国门一种方式，也可以在博物馆通过欣赏来自世界各地的文物，了解异国文化、感受异域风情。

国际合作馆，是苏博与世界知名博物馆合作的前沿阵地，首期展览与大英博物馆合作推出"世界古代文明"主题系列展，展示古罗马、古希腊、古巴比伦、古埃及等世界文明。

苏色生活 数字化的江南风物，将是怎样的体验？苏色生活馆探索苏州文化与前沿科技的碰撞交流，用光影和视觉艺术，营造沉浸式的苏式生活感知体验。

罗马：城市与帝国（2021）

古希腊人：运动员、战士与英雄（2023）

苏色生活馆

探索体验　博物馆是成年人的专属吗？在这里，你将看到不一样的回答。微缩版的苏州地标建筑、迷宫一样的苏州街巷、"外婆家"地道的苏州方言、亲手"发掘"镇馆之宝的考古体验等，博物馆的一切似乎都可以用更加儿童化的方式呈现，让成年人也仿佛在"倒走的时钟"中触摸到自己的童年。

"中国古代文明"系列特展　与世界古代文明相对应，西馆打造了中国古代文明系列特展。首期"天下惟宁——汉代文明的四张面孔"在 2022 年暑假推出。

发现不一样的苏博体验

来苏博，
不可错过的几件小事

- ☐ 拍摄一张文物艺术照
- ☐ 记录独属于你的苏博剪影
- ☐ 参加一次社教活动
- ☐ 挑选一件苏博文创
- ☐ 在咖啡厅发个呆
- ☐ 去忠王府看建筑
- ☐ 在庭院里认植物
- ☐ ……

巧用光影——拍摄一张文物艺术照

人们常用"吉光片羽"来形容存世的珍贵文物，或有意或无心，"光"与文物关联在一起。阳光流转，时光流逝，灯光流动，明暗交织出形状，文物有了色泽，有了触动人心的美丽与哀愁。

快门咔嚓，心弦拨动。

金 苏州博物馆本馆、西馆都展示有特色金器，如三国时期贵族佩戴的精工金饰、唐代祈求风调雨顺的金龙、元代带有草原气息的日月金片等。

拍摄 tips

可以从捕捉贵金属的闪耀光泽与繁复的工艺入手。拍摄金器，可重点关注本馆吴地遗珍展厅的元代张士诚母曹氏墓出土文物、西馆纯粹江南展厅以及技忆苏州展厅的金质首饰头面。

唐　金龙
薄片对折而成，正反面对称，可直立。遍身鳞甲，昂首站立，面目温和，姿态轻盈，金黄色鳞片栩栩如生。

青铜器保存条件苛刻，展陈一般采用文保冷光，因此与金的明艳不同，青铜兵器、礼器，透露出代表战争与阶级的丝丝寒意。每件青铜器的锈蚀都是独一无二的，自然的斑驳，是不同的地层环境和流传谱系赋予的专有痕迹。

拍摄 tips

可尝试烘托冷光氛围，或围绕局部纹饰、铭文、锈蚀进行二次创作。拍摄青铜器，可重点关注本馆吴地遗珍展厅、西馆纯粹江南展厅的春秋部分。

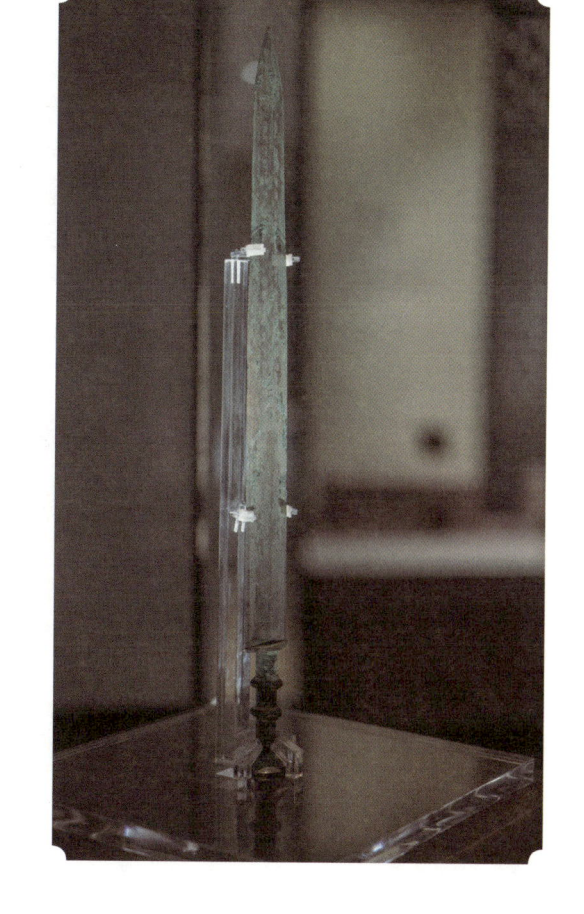

春秋　吴王余眛剑
剑身铸有铭文70余字。铭文不仅包括三位吴王的王名，而且记载有征伐、王位继承等内容，是目前所见先秦兵器中铭文最长的一件。

器

　　瓷器的美是多方面的，其中器形和釉色最易捕捉。如果说质朴的胎、流动的釉、炽烈的火，共同成就了"器"的流光溢彩，那么青花的线条、粉彩的构图、珐琅彩的配色，则完成了"艺"的创作升华。

清·康熙　绿釉瓜棱橄榄尊
苏州博物馆西馆 / 纯粹江南

清·康熙　豇豆红釉团螭纹太白尊
苏州博物馆西馆 / 纯粹江南

拍摄 tips

　　拍摄瓷器，可尝试捕捉器物的线条、釉面的流动质地和色彩纹饰的局部艺术。本馆吴中风雅展厅的陶冶之珍展室，西馆纯粹江南展厅明清部分，是瓷器比较集中的展区。

艺

不同于文物在标准化拍摄环境下产出的"高清证件照",在展厅环境的渲染和布展艺术的烘托下拍摄的文物照,仿佛呈现出更多的"情绪"与"性格",被称为文物的"艺术照"。

拍摄 tips

在注重展陈美学的苏博,拍摄文物时可以适当"格局打开",在展陈情境中巧妙构图,拍摄出文物与光影之间、文物与建筑之间、文物与文物之间的"对话"与"遇见"关系。甚至反光、剪影都可以成为二次创作的契机。

美学小品——记录独属于你的苏博剪影

经常听到观众说:"苏博太出片了。"

如果说贝聿铭设计的本馆,是一座有着现代生命的园林,在她的身上,不仅有过去的光彩,更有苏州联结未来的希冀,那么屹立于高新区的西馆,就像是有着园林生命的现代艺术空间。

一株紫藤,由忠王府绵延至本馆、西馆,它不仅是古典文化的传承,也象征着"中而新,苏而新"的苏博美学理念,在不断的传承、创新中形成一种独属于苏博的审美氛围。人们忍不住置身其中,在博物馆里追寻一种"超然物外"的旷达和治愈。

既然忍不住,就去记录和感受它吧!请收下这份苏博摄影秘籍。

城市山林

机位1：假山

人们说，贝聿铭设计作品的共同点是庭院。创意山水，让自然融于建筑。大概每一个初到苏博的访客，都会难忘主庭院撞入视线时的那份疏阔和清新。拙政园白墙为纸，片泰山石为绘，高低错落有致，重现米家山水之意境。远山寂寂，近水粼粼，静观自得个中三昧。

机位2：小桥

长桥一线，穿园而过。一侧是鱼翔浅底，一侧是写意山水，一动一静，一山一水，人行桥上，如游画中。

机位3：宋画斋

在设计之初，贝聿铭先生就提出，希望建筑也成为博物馆的展品。位于东廊展线上的宋画斋，便是一处根据《营造法式》复原，并运用江南传统营造技艺建造的建筑展品。设计师将建筑与园艺置景相结合，还原了"茅檐低小，溪上青青草""宁可食无肉，不可居无竹"的宋代民居风貌。

江南气候湿润，滋养出不同于北方的建筑工艺。宋画斋营造过程中，使用了"陶缸点式龙骨""编竹夹泥墙"等苏州香山帮传承的营造技艺。地面之下铺设陶缸作为地基，如果穿硬底鞋走在屋中，可以听到咚咚的脚步声，仿佛与传统建筑的对话。

光影交错

机位1：吴塔国宝

在展厅中，透过纱网，视线与庭院相遇。此刻，坐在落地窗前的沙发上，逆光的背影与朦胧园景重合，剪影成像，一眼万年。这是苏博最"网红"的机位，不需要任何图片示意，相信你一定能找到它。

机位2：本馆连廊

本馆建筑的屋顶，大量采用金属格栅装饰。每逢晴天，阳光透过格栅，条纹状的几何光影映照在白墙和地砖上，形成与传统园林中木质窗类似的光影效果。光影交错中，记录下博物馆的晨昏和四季。

机位3：西馆走廊

与本馆的细致光影不同，西馆的光影更加符合现代工业风，硬朗奔放的线条与灰色的建筑一张一弛，传递出当代城市公共空间的大方包容。

几何线条

机位 1：西馆阶梯

阶梯的最佳拍摄点，是对面的二楼平台。直通一楼到三楼的长阶梯，分割了场馆空间，成片会有独特的几何块面。以阶梯为大型背景，无论拍摄景物或者人像，都极具氛围感。

机位 2：本馆立面

本馆的立面本身由几何图形构成，白墙和黑色的轮廓用简约的形式复刻粉墙黛瓦，菱形和方形的建筑线条，不仅成为绝佳的全身人像取景框，还是独立的静物抽象画。

移步换景

机位1：本馆·花窗

寓意圆满的月亮门、"梅兰竹菊""琴棋书画"花窗……传统苏式园林用门窗引导视线，将移步换景做到了极致。繁复精细的园林门窗，在苏博简化为六边形的玻璃窗，分布在东西两廊。这些花窗不仅提供一个个欣赏庭院的微观视角，也为窗前的人物摄影，留下了诸多背景选择。

机位2：西馆·技忆苏州

太湖石，通常作为园林置景出现。西馆纯粹江南展厅，则把握住太湖石多孔洞的特色，让顽石既成为景观，又可借石观景。细心的观众可以发现，装置上一处孔洞的位置，恰好与人的面部平齐，创意合影让这里成为不容错过的打卡点。

机位3：西馆·窗中日月

一扇六边形花窗，从本馆到西馆；一组传统鸟笼，从过去到当代。窗观日月，笼中机巧，复杂的空间与漫长的时间，都微缩在精心设计的展品陈设组合中。以之为背景合影，入画的是技艺，留下的是雅意。

机位4：西馆·紫藤绵延

纯粹江南展厅接近尾声的时候，一株虬曲的紫藤，再次进入人们视线。以墙为纸，以藤为绘，在此处打卡留影，既是展卷人，又是入画者。

享受学习——参与一次社教活动

走出校园的成年人,大概都难免有一种"好像很久没学习"的焦虑:很久没有从头到尾读完一本书,很久没有听一场讲座,很久没有认真看一个陌生主题的展览……因此在博物馆不被打扰地学习,显得无比自由。

一座博物馆就是一所大学校。越来越重视社会教育的博物馆,会成为一个很好的学习平台。苏州博物馆社会教育活动,包含亲子教育活动、学术名家讲座、策展人导览交流、市内外研学活动、非遗体验、音乐会、观影会、志愿者活动等,覆盖全年龄段,成年人可以聆听名家讲座,孩子们可以在寓教于乐的研学课程中种下一颗热爱博物馆的种子。

也许有一天,我们还会在志愿者的队伍里相遇。

最新教育活动信息及报名方式,请关注"苏州博物馆"微信公众号。

乐学@苏博
—
艺术@苏博
—
姑苏@苏博
—
世界@苏博
—
技艺@苏博
—
探索@苏博
—
印象@苏博
—
书香@苏博
—
聆听@苏博
—
悠游@苏博
—
对话@苏博
—
节日@苏博

挑选文创——带走博物馆的美和时光

文创,不仅是博物馆最后一间展厅的展品,更是博物馆向日常生活的渗透,是审美的共鸣,也是态度的传达。

从文藤系列和秘色瓷莲花碗系列开始,苏博文创的系列爆品,大都有着在实用中融入独树一帜的清雅和文人气的特色,其审美品位与展品和建筑完美适配。真正融入巧思的文创,创意、设计、情怀兼备,让我们在参观博物馆之余的现实生活中,架起一座与古人精神世界交流的桥梁。

随着更多国际交流展的引入,世界文明的艺术力量也注入了苏博文创,"国际范"将成为苏博文创的另一抹亮色。

线下商店
苏州博物馆本馆——中心商场
苏州博物馆本馆——休息厅商店
苏州博物馆西馆一楼——艺术品商店
诚品生活苏州负一楼——苏州博物馆艺术品商店专柜
线上商店
苏州博物馆天猫/京东官方旗舰店

清浅时光——博物馆慢生活指南

咖啡厅里，发个文艺呆

咖啡，不仅是香气馥郁的提神饮品，也是灵感的催化剂。

一杯博物馆里的咖啡，有人喝到的是文艺场所的氛围感，有人喝到的是意象化的江南，抑或是疲惫的旅途单纯需要一杯来"续命"。

如果行程不匆忙，不妨到博物馆咖啡厅里发个呆。在本馆的紫藤园下，看花影浮动，清川、清香；在西馆独属于"纟"的一个"盒子"里，把玩世界古代文明展文创咖啡杯，江南、世界，都与你有着"千丝（絲）万缕"的联系。

紫藤花下，听人笑语
本馆·清川咖啡
地点：本馆西廊·紫藤园
特色：清川咖啡、冰淇淋
营业时间：周二至周日
　　　　　9:00—17:00

狮子山下，寻纟江南
西馆·纟
地点：西馆一楼
特色：特调、文创甜品
营业时间：周二至周日
　　　　　9:00—17:00

捕捉忠王府的小众角落

卧虬堂·紫藤园　忠王府紫藤园中的紫藤,系明代文豪、书画家、吴门四家之一的文徵明手植,人送雅号"文藤"。相传当年藤飞花放时,拙政园主王献臣与吴中才子在此雅集宴饮,文人的相聚与庭外的紫藤相互映照,皆称为"卧虬",一语双关。时至今日,每当文藤花开时,这里也是苏州文艺青年的赏花怀古胜地。堂外人影穿梭,俱是苏州贤才,何尝不是当代"卧虬"。

文藤的美,不只在于"蒙茸一架自成林"的花季,夏季的绿荫,秋季挂满枝头的果实,一为游人送来酷暑中的清凉,一将文藤的"基因"传播到各地。即便是藤叶凋零的冬日,我们也推荐你来紫藤园走走,也许不经意间,啪——嗒——,你也会捡拾到那颗在等待你的种子。

古典戏台 寻访紫藤的路上，会经过一处戏台，自然光影落在舞台上，依稀可见旧日戏梦人生。戏台为八旗奉直会馆时期修建，是目前国内为数不多保存完好的室内古典戏台之一。

忠王府木雕 当行走在忠王府，一个漫不经心的抬头，便可能"撞上"建筑惊艳的细节。海棠花格心、云龙浮雕裙板、充满巧思的人物故事，等你发现解读。

忠王府彩绘　王府建筑的枋类构件上，存有 400 多方苏式彩绘，后殿另有 9 方壁画。其中既有龙凤等官式题材，也有鹤、鹿、松、寿桃等吉祥题材；有颇具南派山水特色的江南风光，也有浓郁近代化风格的西洋海滨浴场。这些彩绘既是晚清社会风云激荡的缩影，也是苏式彩绘的典型代表。

【左上】忠王府彩绘·海滨风光

【右上】忠王府彩绘·山亭景色

【下】忠王府彩绘·双龙戏珠

多识于草木虫鱼之名——博物馆·博物志

苏州的园林艺术，不仅是建筑空间的艺术，园艺、花艺的点缀也至关重要。早春在忠王府转角遇见山茶，仲春坐在紫藤花下细品一杯咖啡，初夏发现花窗外的榴花又长高了些，仲秋猝不及防让桂花香气撞了满怀，隆冬时看到庭院依然苍翠的香樟……四时皆景，人生处处有诗意。

木瓜

玉兰

山茶　忠王府西路的两株宝珠山茶是苏博最古老的山茶，花色殷红，是拙政园的活文物之一，清代时便有吴梅村、陈维崧"打卡"赋诗，1960年后归苏州博物馆。馆内另有多株山茶，盛开时花色白中带红丝，令人联想到《天龙八部》中的曼陀罗山茶"抓破美人脸"。

玉兰　位于宝珠山茶之侧，盛开时，花影重重与王府朱窗相映成趣。

木瓜　位于忠王府东路。此树是拙政园时旧物，历经数百年沧桑，中心虽朽，但尚能枝繁叶茂，果实累累。

金银桂　位于忠王府庭院，是拙政园时旧物。此树又名"复桂"或"合欢桂"，花开时，初为银色，渐次呈金，金银闪耀，浓香馥郁。

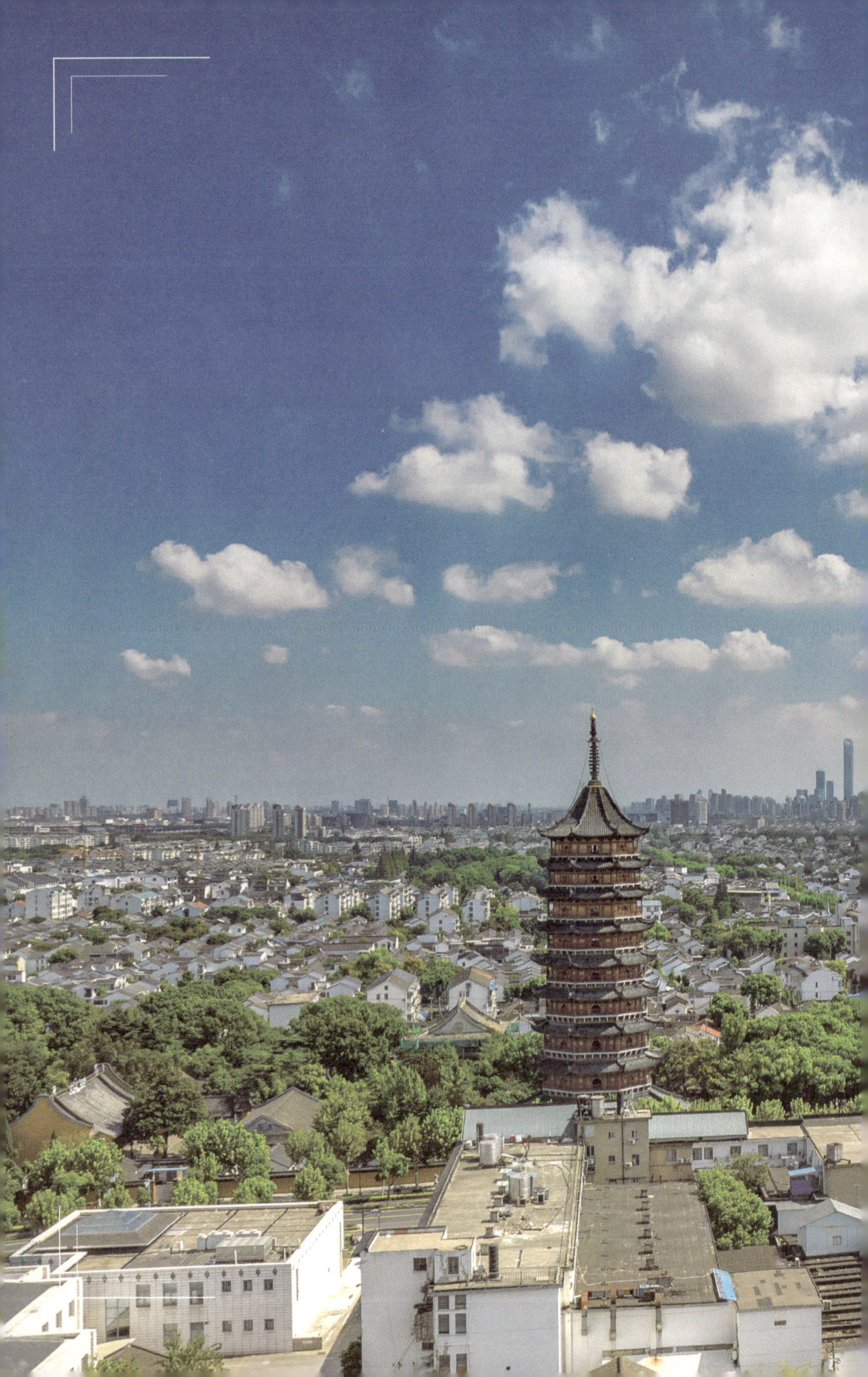

第二篇章

博物读城　苏博打卡圈

本馆周边

苏州博物馆本馆，常被戏称为处于苏州的"蛋黄区"，无论是景观集中的东北街园林路，还是毗邻的平江历史街区，都是古城区核心地带。在这里，你可以逛街巷，品美食，游园林，寻访博物馆，漫步古城，解锁极致的苏式体验。

周边美食

食苏味

不要担心景区周边全是"游客店"的传言，我们一起去寻找"老苏州"经常光顾的老字号苏式好店！清晨一碗苏式面，中午一份馄饨生煎，下午茶来一块苏式糕团、一份苏式甜点，傍晚在苏式老馆子一边细品美食一边听古城世居人闲谈，店内人声鼎沸，店外夕阳西下，在耳畔推杯换盏的生活白噪声中，见证古城的似水流年……原来，喧嚣如斯的景区，依然是原汁原味的苏州肌理。

水乡味道，才下喉头。古城烟火，却上心头。

奥灶面

苏式面 苏博附近的老面馆，经典红汤面可选朱鸿兴、陆振兴等店，白汤的枫镇大肉面可选老怡园面馆，20 元左右就能吃到一碗荤素搭配的苏式面。新兴的三虾面会在每年 4、5 月份上市，而秃黄油面的最佳赏味期是秋季大闸蟹开捕后，其价格往往根据食材浮动，每碗面在几十元到百元不等，可选择的面馆有裕兴记、苏面斋、姑苏桥等。

陆振兴（白塔店）
地址：白塔西路 24—26 号
营业时间：06:00—13:30
　　　　　16:00—19:00

伟记奥面馆（白塔东路店）
地址：白塔东路 266 号
营业时间：06:00—19:00

苏面斋精品面馆·三虾面（平江路店）
地址：白塔东路 339 号
营业时间：07:30—14:00
　　　　　17:00—20:00

姑苏桥·文人苏式面馆（北寺塔店）
地址：人民路 1736 号
营业时间：06:00—21:00

裕兴记·三虾面（西北街总店）
地址：西北街 11 号
营业时间：06:30—20:00

朱鸿兴（西北街店）
地址：西北街 99 号
营业时间：06:00—14:00

美味斋（西北街店）
地址：西北街 111 号
营业时间：06:30—13:30

原怡园面馆（西北街店）
地址：西北街 207 号
营业时间：10:30—19:00

苏式糕团 如果喜欢糯叽叽的口感，苏式糕团一定要尝一尝。春天的青团有麦草的清香，夏季的炒肉团子满口油香，还有桂花糕、红豆糕、薄荷糕等，品类繁多。在糕团店档口，可以收集苏州的色彩。

青团

杨招娣糕点
地址：皮市街 277 号
营业时间：14:00 起，卖完即止
近水楼糕团店（皮市街店）
地址：皮市街与谢衙前交会处
营业时间：05:30—18:30
万福兴（齐门路店）
地址：齐门路 159 号
营业时间：05:30—19:30

青团

朱新年点心店（北寺塔店）
地址：人民路 1815 号
营业时间：06:00—19:00
特色：鲜肉汤团
吴盛兴绉纱汤包馆（北寺塔店）
地址：西北街 295 号
营业时间：06:00—19:30
特色：绉纱汤包、泡泡馄饨
许家门香味记酒酿饼
地址：西北街 281 号
营业时间：08:00—18:00
　　　　（暑期歇业）
特色：牛肉酒酿饼、玫瑰酒酿饼

苏式点心　苏州人讲"点心"，不单单指酥饼类甜点，而是把小食统称为"点心"。你可以在点心店见到肉汤圆、生煎、汤包、酒酿饼等"硬核"餐点。除了临顿路上的"排队王"哑巴生煎，周边的选择还有很多。

鲜肉月饼

【上】泡泡馄饨
【下】哑巴生煎

鼎盛鲜（临顿路店）
地址：临顿路 260 号
营业时间：06:00—16:30
特色：烫面饺、小馄饨
哑巴生煎（临顿路店）
地址：温家岸 12 号
营业时间：06:00—19:30
特色：哑巴生煎、净素生煎

苏式汤包

吴记小园楼
地址：白塔西路 71—75 号（总店）
　　　西北街 151 号（西北街店）
营业时间：10:30—14:00
　　　　　16:30—21:00
特色：松鼠鳜鱼、酒香金花菜、清炒虾仁、毛蟹炒年糕
吴门人家（狮子林店）
地址：园林路 88 号
营业时间：11:00—14:00
　　　　　17:00—20:00
特色：松鼠鳜鱼、白什盘、樱桃肉、响油鳝糊、八宝鸭、糖粥、鸡头米、苏式爆鱼

苏帮菜　如果想要在博物馆附近吃一顿苏式正餐，老字号的吴门人家是不错的选择。它传承了诸多经典菜式，是贝聿铭等名人品鉴过的知名苏帮菜老店——你大概率早已在许多美食纪录片中看到过它。吴记小园楼则更市井亲民一些，是本地人经常光顾小聚的苏帮菜馆子。如果你愿意去远一些的观前街，老字号松鹤楼、得月楼更是绝佳之选。当然，苏帮菜不止松鼠鳜鱼、响油鳝糊、清炒虾仁，翻一翻厚重的菜单、抄一抄邻桌本地人的点单，你会发现更多苏州好味。

057

食创意

一座活着的古城，有"老苏州"，也要有"小苏州"和"新苏州"。"年轻力"回归古城，让古城开始在传统江南韵味与创意再生之间调和。如果你是一个时尚饕客，古城也有越来越多的年轻主理人运营的创意餐厅供你选择，那里搜罗了全球食材，以极简的技法烹饪，配上有设计感的装修风格。古城，不是一处静态的盆景，而是永远自有潮流。

橘酱餐厅

蟹三宝（苏州拙政园店）
地址：临顿路 329 号
营业时间：10:30—15:00
　　　　　16:00—21:00
特色：蟹黄捞饭、蟹黄捞面

咕咕餐厅（goodgood）
地址：狮林寺巷 52 号
营业时间：11:00—14:00
　　　　　16:30—20:00
　　　　（周二店休）
特色：咕咕饭、橄榄油浸虾 tapas

豆壳（平江路店）
地址：狮林寺巷 99 号（近平江路）
营业时间：11:00—14:00
　　　　　16:30—21:00
特色：芝士海鲜焗响螺、浓汤海鲜泡饭

橘酱餐厅
地址：西北街 71 号
营业时间：11:00—14:00
　　　　　17:00—20:00
　　　　（周一店休）
特色：招牌牛排丼、菠萝虾仁炒饭

咕咕餐厅

食百味

如果你就想整点"野生"味道,吃个地摊,来点烧烤,嗦个龙虾,搞个夜宵,那么博物馆向西300米左右的皮市街,必能符合你的腔调。从西北街,拐进街道,空气中的辛香和路面上的包浆,是它平民化发展二十多年的奖章。

这里有名字叫十年却四处挂着"二十年老店"的重庆麻辣烫,本地老饕搬走也要开车回来品尝的十三香小龙虾,铺满铁板鱿鱼的大盘炒饭,推开门飘出羊油辣子香和河南话的烩面小店……

寻求刺激的市井味蕾,怎能错过在夜色中摸进这条神奇街巷。

毕竟生活无常,奔波苦劳;下点猛料,算是解药。

来了,老弟!

皮市街街景

推荐小店: 禾木饭店(鱿鱼炒饭、韭菜腰花),皮市街196号;十年麻辣烫,皮市街296号;重庆一绝麻辣烫,皮市街286号;盱眙倪氏龙虾,皮市街209号;齐齐哈尔烧烤(烤肉、东北熏酱),皮市街187号;阿有河南烩面,皮市街317号。

饮浮生

随着城市饮品店的普及，连锁咖啡、奶茶等快餐饮品已经不足为奇，追寻独特风味的美食家们，早已开始探索使用原生食材的本土饮品。甘肃的甜胚子奶茶，海南的清补凉，广东的凉茶，绍兴的黄酒……本土饮品在被重新发掘"出道"的同时，也开始更多与流行饮品混搭，形成和谐又独特的饮品味道。

苏式绿豆汤

苏州也有标志性的本土饮品——苏式绿豆汤和冬酿酒。一到夏季，附近不少小食店都会上新苏式绿豆汤。清凉的薄荷味道，有人爱到极致，也有人难以接受，但既然来了，总要尝上一尝。冬酿酒在每年冬至前后如约而至，街头巷尾绿色的汽水瓶里，桂花米酒还在发酵，买一瓶回家，就能喝到"养成中"的冬酿佳味。观前街上的元大昌限时开放"零拷"，即散装酒售卖，每天限量供应。

东吴苏锦记绿豆汤（平江路店）
地址：平江路 285 号
营业时间：10:00—19:30
特色：苏式绿豆汤、糖水鸡头米、桂花赤豆小圆子

赤小豆饮食店（皮市街店）
地址：皮市街 325 号
营业时间：10:00—18:00
特色：赤豆小圆子、百合绿豆汤、赤豆糖粥

老街巷中也不乏专注咖啡本身的精品咖啡，在古城中形成了店铺集群和小型社区，来自世界各地的豆子不断从粉墙黛瓦中释出浓香。有的专精于庄园原产地咖啡豆的遴选和萃取，在咖啡的本味中，体现当代苏州人的精致；有的擅长制作江南风物特调，在颜值和口感上，调和中西。以咖啡会友，不失为品读古城的新方式。

CAPRAIBEX COFFEE 牵市
地址：菉葭巷 52 号（近平江路）
营业时间：10:00—21:00
特色：Dirty、哥伦比亚、洪都拉斯等 SOE

Tiny coffee · 草芥咖啡（平江店）
地址：白塔东路 62-1 号（平江府斜对面）
营业时间：10:00—19:00
特色：鸡头米拿铁、竹叶青冷萃

本土原材料和连锁奶茶、咖啡的联动更是每季惊喜不断。除了在社交媒体上刷屏的竹筒奶茶，还有春天的碧螺春拿铁、秋天的鸡头米奶茶、冬天的桂花酒酿咖啡。连锁奶茶店到了苏州，也总会出那么一两款"只有江南"的特调，别有情致。

茶色烟雨竹筒鲜茶（拙政园店）
地址：园林路 41 号
营业时间：10:00—18:30
特色：碧螺春竹筒茶、荷塘月色

桂雨秋来（平江路店）
地址：平江路 244 号
营业时间：9:30—21:30
特色：碧螺春冰淇淋、碧螺春冰博克厚乳

周边住宿

汉庭、如家、全季、7天、布丁等连锁快捷酒店，多分布于人民路、观前街沿线，地铁公交出行便利，价格大多在150元至400元。由于古城区独特的地理位置，即使是快捷酒店，也经常能看到园林、街巷、报恩寺塔等标志景观，是高性价比之选。

街巷中也有园林式旅店，如苏州拙政世家酒店、苏州栖迟依城文化客栈、泽一居精舍等，大多有园林式内外庭院设计和古典房间陈设。这类酒店根据房型的不同，价格差异很大，300元至1000元不等，预定时要留心房间信息，最好能多平台比价。

豪华舒适型酒店，价格基本在1000元上下，预算充足的情况下可以考虑。苏州书香府邸·平江府，除了地理位置优越、服务精致，还独拥一座350年历史的园林——北半园，因此常年称霸各类酒店排行榜。还有1779·怀德堂、苏州文旅小院·敬彝堂等小型宅园改造的舒适酒店可供选择。

布丁酒店
（苏州观前街拙政园店）
地址：临顿路295号
　　　（距苏博约500米）
电话：0512-67779001
苏州书香府邸·平江府
地址：白塔东路60号
电话：0512-67706688
文旅姑苏小院·敬彝堂酒店
地址：东北街116号
电话：0512-68528966

苏州拙政世家酒店
地址：百家巷35号
　　　（距苏博约400米）
电话：0512-65867666
苏州平江华府精品酒店
地址：临顿路箓葭巷88号
电话：0512-67726666
1779·怀德堂
地址：姑打鼓巷3号
电话：13405280886

周边购物

出来旅行总要选购些合适的伴手礼，除了我们首推的"苏博文创"，博物馆附近也有很多可爱的"小东西"。饮食类有苏州碧螺春、时令东西山枇杷、苏式点心；文创类有苏式手绘书签、明信片；再高档一点还有丝绸、非遗手作……我们大致选了几家店推介，当然这只是冰山一角，真正值得"炫耀好几年"的旅行纪念品，还需要你走街串巷，自己去发现。

饮食类：采芝斋（观前街店），松仁粽子糖、津津豆腐干、枣泥麻饼、袜底酥；黄天源（观前街店），海棠糕、梅花糕、古法苏饼；叶受和（观前街店），袜底酥、酒酿饼、松仁枣泥麻饼、黑芝麻酥饼；长发西饼（临顿路店），苏式鲜肉月饼；乾芝斋（平江路店），碧螺春茶酥。若是赶上5月枇杷上市的季节，可以到白塔西路白塔公园周边的特产售卖摊位，购买苏州东西山枇杷，而到了盛夏，这里则会售卖新鲜的荷花莲蓬，是著名的荷花集市。

文创类：书签小屋（平江路317-2号），老爷爷手绘书签；猫的天空之城（平江路店），老牌文创书店。

丝绸：绸布乾泰祥，位于观前街的老字号丝绸店，丝巾及真丝服饰品类较多；羿唐丝绸（平江路店），引入现代设计的丝巾；白塔丝绸，皮市街181号，口碑小店，方巾种类较多，性价比较高。

非遗手作：一满文创，白塔东路棋杆弄15号，非遗文创"一满花纸"的线下店，主打非遗木版年画周边和"皮老虎"，活泼可爱；鸿飞剪影，平江路310-1号，用非遗苏式剪纸创作剪影，留下独特的苏州回忆。博物馆附近也是大师工作室聚集的地方，如有意来苏选购苏绣、玉雕等高端艺术品，可事先了解相关信息。

（店面信息及营业时间仅供参考，以实际情况为准）

本馆出发，Cit

丝绸博物馆

苏州博物馆

报恩寺塔

桃花坞

玄妙观

观前街

线路1：拙政园、娄门农贸市场、东园、耦园、相门
线路2：狮子林、平江路、戏曲博物馆、甲辰巷砖塔
线路3：玄妙观、观前街、状元博物馆
线路4：报恩寺塔、丝绸博物馆、桃花坞

alk !

娄门农贸市场

拙政园

东园

狮子林

耦园

平江路

相门

戏曲博物馆

状元博物馆

甲辰巷砖塔

从博物馆出发，来一场 Citywalk

Citywalk，指的是城市漫游或城市徒步。与自驾、骑行、公共交通出游相比，Citywalk 弱化了目的地的概念，更强调用双脚丈量城市的过程，去发现城市角落的人文碎片。随着都市旅行者们的精神世界日渐丰富，个性化、小众化、低碳环保的旅游方式更加受到青睐。

作为苏州的文化地标、文旅融合的践行者，苏州博物馆一直提倡人文、深度、低碳、可持续的负责任旅行方式。我们特别梳理了四条从博物馆出发的 Citywalk 线路，线路有长有短，有重点景观的串联，也有深入城市肌理的人文扫街，希望你可以在游览中，看见一座城市的古今，触碰一座城市的灵魂。

线路 1 　苏州博物馆（起）→ 相门（终）
全程约 2.6km　　共 5h

苏州博物馆 → 拙政园 → 娄门农贸市场 → 东园 → 耦园 → 相门

细致游览苏州博物馆（约1.5h）后，自忠王府出口出，向东步行约50米，至拙政园入口，游览世界文化遗产、中国四大名园之一、全国重点文物保护单位的拙政园（约1h），感受典型的疏阔式明代文人园林风格。出拙政园，继续沿东北街向东，由景区步行街，穿行至普通城市道路，可观赏路边民居；六中旁的民国建筑，曾经是天主教堂，后改为"有原中学"，留有"读书养心"牌坊；寻访已经成为寻常百姓家的清代止疟疾的神庙——灵迹司，目前正殿建筑仍在，大致可见规模，但神庙的荒废也许见证了新中国根治疟疾的历史。

行走约一刻钟，路北边是娄门农贸市场。要想从根源上了解一地的饮食，必不可错过当地菜市场，新鲜的水八仙、小河虾、河鳗、湖蟹、螺

蛳，带着露珠的鸡毛菜、金花菜、上海青、本地青、芦蒿等各类"青菜"，沾着泥土的冬笋、春笋、雷笋，即买即食的蟹壳黄、酥鱼……多识果蔬之名的同时，还可以来点小吃补给一下。

出农贸市场向南，步行约700米，即是东园。东园曾经是苏州动物园的旧址，如今是一处免费开放的市民休闲公园，走走路、划划船、喝喝茶、逗逗猫，新老苏州人的悠闲生活，都在这里了。

穿过东园，自东门进入耦园。"耦园住佳偶，城曲筑诗城"，耦园是苏州唯一一座以爱情为主题的园林，现有格局为晚清两江总督沈秉成与继妻严永华居住时改造，小而精，且楹联题记多有夫妇之趣。这里不仅是苏州热门婚纱拍摄地，近年还开通了民政结婚登记服务。

从东门出耦园，继续向南步行，约10分钟后，到达相门古城墙遗址。这里是苏州城墙九门之一，临环城河，气势巍峨，目前

设有城墙博物馆。值得一提的是，出相门不远处就是苏州工业园区，因此相门也成为很多往返古城区与园区通勤的苏州人的"每日必打卡点"，见证大家的日常奔忙。至此，本线路全部行程结束。

线路 2 　苏州博物馆（起）→甲辰巷砖塔（终）

全程约 2.6km　　共 4h

苏州博物馆 → 狮子林 → 平江路 → 戏曲博物馆 → 甲辰巷砖塔

细致游览苏州博物馆（1.5h）后，向南经园林路，途经苏州民俗博物馆（P24），至狮子林，游览这一处世界文化遗产、全国重点文物保护单位、苏州元代园林的代表。园林因假山怪石嶙峋、形状多像狮子而得名，是苏州园林中最曲折、复杂的一处。来狮子林，如何在不乱攀爬太湖石抄近路的情况下走完"假山迷宫"，是令每个游客沉迷的游园体验。

出狮子林，途经狮林寺巷，一路向东至平江路，可顺路选择在狮林寺巷创意餐厅用餐（P58）。进入平江路，感受宋代《平江图》记载时便已初定的水陆并行格局。也许你会有点厌倦如今平江路的商业气息，但穿行在巷子中，细心留意可以发现很多名人故居和小众专题博物馆。苏州城建博物馆，2022年建成开放，在这里能了解苏州 2500 年城市建设历史。**苏州戏曲博物馆（中国昆曲博物馆、中国苏州评弹博物馆）**，坐落于全国重点文物保护单位全晋会馆内，建筑本身繁复精致，多戏曲题材砖雕。会馆内有藻井华丽的清代戏台吹鼓楼，展示有昆曲戏服、乐器，周末节假日，常上演昆曲、评弹惠民演出。馆内百花书局的文创也很有书香气。

【上】苏州戏曲博物馆
【下】全晋会馆古戏台

出戏曲博物馆后，可自中张家巷向东进入仓街。仓街与平江路平行，如果有精力，可向北再游览一段仓街。与平江路的喧嚣相比，仓街更原生、更清净。小桥流水旁，你可以发现清代的牌坊，也能看到革命年代留下的革命标语印迹，历史不断在这里层累。

而自仓街向南，可横穿干将路，不禁让你联想起干将莫邪铸剑传说。干将路是一条两侧车道、中间河流的特殊格局道路，是苏州东西向主干线，极有特色。过街后继续向南约50米，巷子尽头，就是本线路的终点，另一处全国重点文物保护单位——**甲辰巷砖塔**。此塔始建于唐末五代时期，宋代《平江图》标记有此塔位置，留存至今，殊为不易。

线路 3　　苏州博物馆（起）→状元博物馆（终）

全程约 2.2km　　共 3h

玄妙观

苏州博物馆

状元博物馆

观前街

　　细致游览**苏州博物馆**（约 1.5h）后，可选择向南经临顿路，右转旧学前到全国重点文物保护单位**玄妙观**（约 0.5h），沿途可选择在临顿路就餐。或绕道白塔西路、皮市街，感受荷花集市（P63）、皮市街小吃（P59）后亦可到达玄妙观。

073

玄妙观正殿三清殿为重檐歇山顶建筑，主体结构建于南宋淳熙六年（1179），是长江以南除宁波保国寺、福州华林寺外，罕见的宋式大木作建筑。除了建筑，玄妙观也因赵孟頫的《玄妙观重修三门记》而闻名书法界，拓本现收藏于日本东京国立博物馆。

玄妙观中有复原石碑。此外，玄妙观道教音乐，也是国家级非物质文化遗产项目，如果有幸在游览中遇到玄妙观法事，或许可以现场聆听，感受"先有哐哐嚓，后有天地人"的乐中玄机。侧殿文昌殿，收藏有不少清代苏州工商业碑刻，从中可以看到曾经的姑苏繁华，其中还有一幅受网友追捧的《靠天吃饭图》，不妨去找寻一下。

出玄妙观，进入 观前街，松鹤楼、得月楼、采芝斋、黄天源、叶受和等苏州老字号皆有沿街店面。

由观前街向东，返回临顿路向南到钮家巷，巷口就是此行的终点 苏州状元博物馆（约0.5h），由状元潘世恩故居改建而来。历史上苏州曾经涌现出45位文状元和5位武状元，清代苏州文人曾一度打趣状元是苏州特产。若是仍有余力，可继续沿钮家巷步行，将会看到著名的黄丕烈藏书楼，再往前走可通往平江路。

线路 4　　苏州博物馆（起）→桃花坞（终）

全程约 3km　　共 4.5h

苏州博物馆　　报恩寺塔　　丝绸博物馆　　桃花坞

　　游览**苏州博物馆**（约 1.5h）后，向西穿过西北街，沿途可品尝西北街、皮市街美食，后到达全国重点文物保护单位**报恩寺塔**（又称北寺塔，0.5h）。报恩寺塔在 17:00 前免费开放。报恩寺塔始建于南朝梁，目前我们看到的九层八面外观，始建于南宋绍兴二十三年（1153），后经多次整修。据专家考证，塔身的砖砌结构六层以下基本为宋代结构，七八九层为明代整修，外部的木结构外檐是清代建造，可谓是一座直观体现历代风格的古塔。

075

很多人不知道，报恩寺塔中有一处《张士诚纪功碑》，可以看到元末的纪事风格浮雕。塔院之后，还有一处寺庙园林，是与私家宅园不同的造园风格，特别是其中的假山铁石崖，用含铁原石堆砌，呈现出砖红色泽。

出报恩寺塔，过人民路，到达苏州丝绸博物馆（1h）。馆内既陈列行业历史，也展示各类精美丝绸文物，还有种桑养蚕展示、传统织机操作表演等活态展示，并且定期推出丝绸文物类、现代丝织艺术等特展，是近年人气飙升的新锐专题类博物馆。

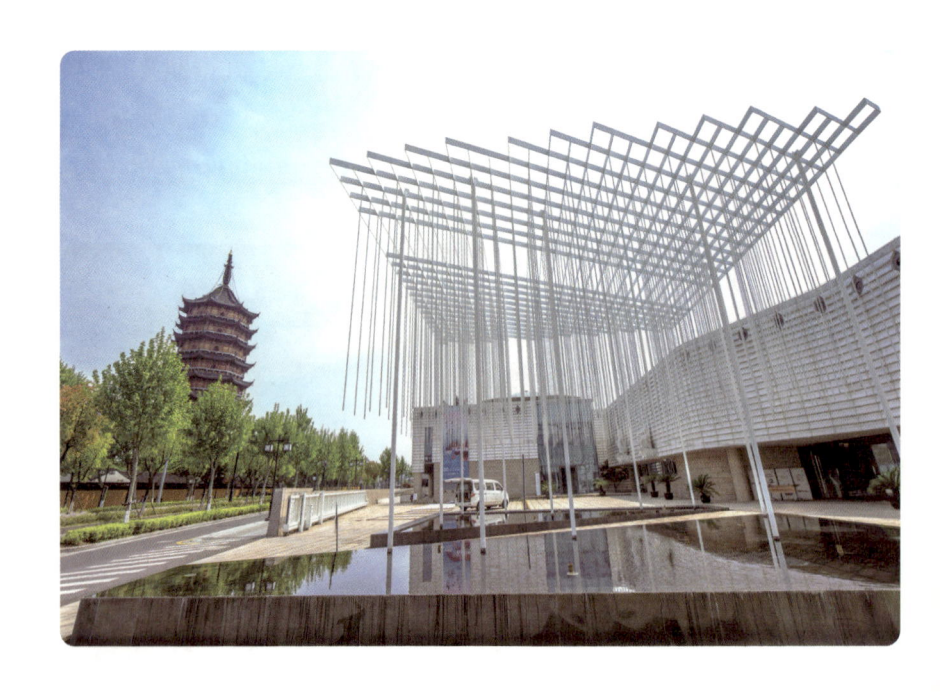

游览完苏州丝绸博物馆后，可以深入西部街巷，游览**桃花坞**。在唐寅故居和唐寅祠（准提庵），凭吊"桃花庵里桃花仙"。穿过原汁原味的苏式聚落桃花坞，来到免费园林五峰园，园林始建于明嘉靖年间。园中耸立五座太湖石峰，高二丈，形似老丈，故又名五老峰，名气不输留园冠云峰、织造署瑞云峰。

【左上】唐寅祠
【右上】桃花坞
【下】五峰园

西馆周边

苏州博物馆西馆位于苏州高新区狮山街道，背靠狮子山，周边规划有苏州科技馆、影剧院，毗邻狮山商圈，是融入现代城市景观的艺文空间。参观完西馆，可就近打卡狮山商圈，也可深入游览苏州高新区的青山绿水、古镇风光。

周边美食

馆外商圈

淮海街 南起玉山路，北接狮山路，全长 550 米，是"国家级著名和特色商业街区"。这里也是著名的打卡地，不仅精酿、日料、简餐、街头小吃聚集，而且店招林立，充满文艺风情。

（许囷芝摄）

西馆周边分布有多个商业综合体，如位于狮山路与塔园路交会处的苏州龙湖狮山天街、位于狮山路298号的金鹰国际购物中心、位于长江路436号的绿宝广场等，营业时间均为10:00—22:00，连锁餐饮、各地美食都可从中挑选。

馆内餐厅

苏州博物馆西馆餐厅位于负一层，有苏式面、馄饨、咸肉菜饭等苏式简餐，也有意面、牛排等西式简餐。如果希望将更多的时间留给参观博物馆，这里是便利之选。

周边住宿

城市酒店 西馆周边酒店多为高档舒适性。香雪海饭店（苏州新区玉山路店0512-66329888）、苏州龙湖狮山天街智选假日酒店（0512-66078888），通常价位在300—450元，性价比相对较高；苏州古运河英迪格酒店（0512-68086666）、苏州日航酒店（0512-62918888），属于价位在千元左右的品质之选。如果选择快捷酒店，则建议订在1号线、3号线沿线，地铁至狮子山站参观西馆同样十分方便。房间预订可通过携程、同程、飞猪等多个第三方平台进行比价。

山林民宿 如果后续计划在苏州高新区深度游，也可以体验树山、旺山附近民宿，深入山林，悦见山野。尤其树山村以每年3月底4月初景色最佳，梨花盛开时，漫山白花，最适合休闲小住。

周边旅游线路

山林寻幽主题

线路 1

苏州博物馆西馆  ⇒ 木渎古镇、灵岩山

木渎古镇 游览完西馆，在门口的"御花园站"乘坐公交约40分钟，即可到达木渎古镇。木渎古镇，相传是吴王夫差修筑馆娃宫时，原木壅塞于渎中而得名。清代乾隆六下江南，木渎古镇与镇后的灵岩山行宫，都是他重要的目的地。所以清代《姑苏繁华图》中，大篇幅绘制了木渎胜景。

与苏州热门古镇相比，免费开放的木渎似乎略显冷清。但古镇中廊桥、街巷仍旧保持着本来的模样，少了一分商业化的喧嚣，多了几分古朴的恬淡闲适。

木渎也是一座园林古镇，现在规模较大的园林有严家花园、虹饮山房。前者曾是乾隆年间名士沈德潜的居所,晚清流转入木渎首富严国馨名下,俗称严家花园;虹饮山房则发挥了木渎"真山真水"的特色,门对香溪、背靠灵岩,独占"溪山风月之美,池亭花木之胜",也是乾隆下江南时住宿、游园、看戏、赋诗的场所,有"民间行宫"之称。

> **景区信息:** 木渎古镇,古镇免费开放,严家花园、虹饮山房等景点联票78元;4月1日至10月31日08:30—17:00开放,其余日期16:30闭园,闭园前半小时停止入园。

灵岩山 古镇后的灵岩山上多奇石,怪石嶙峋,旧有"十二奇石"或"十八奇石"之说,是一处免费开放的景区(07:00—17:00开放)。虽然山高仅182米,但凭借独特的清幽,获得了"灵岩秀绝冠江南"和"灵岩奇绝胜天台"的美誉。传说灵岩山是春秋时吴王夫差馆娃宫的旧址,山顶花园中有吴王井、梳妆台、玩花池、玩月池等春秋典故景观。山中有灵岩寺,只需1元门票即可进入。灵岩寺的清代佛塔,多次出现在乾隆南巡景观图像中,是清代苏州的地标建筑之一。其实,灵岩寺永祚塔始建于南朝梁,曾经是木构砖塔,现存砖塔为乾隆十五年(1750)建造,塔壁上有多处宋代铭文砖。寺中的素面也颇受游客青睐,25元一碗的双菇冬笋面味道鲜美,是山中不可多得的"一口鲜"。

灵白线 灵岩山直通苏州著名的徒步线路——灵白线，即从灵岩山至白马涧龙池的穿越线路，全长约 8 千米，人气高且线路成熟。从灵岩山后山，一路顺着涂鸦般的小箭头和"驴友走出的路"，几乎没有迷路的机会，只要体力和耐力充足，你只管向前，剩下的都交给时间，自然会到达终点。

只是灵白线多为沙土路，出行需要注意防滑防摔，尽量不要选择雨天出行。

灵白线的终点，是白马涧龙池景区。这是一处山间溪涧汇聚成的景观，碧波荡漾，令人心旷神怡，定能慰藉旅途辛劳。乾隆南巡至此，亦留下"明镜漾云根"的石碑。景区内的十里木栈道沿湖铺设，

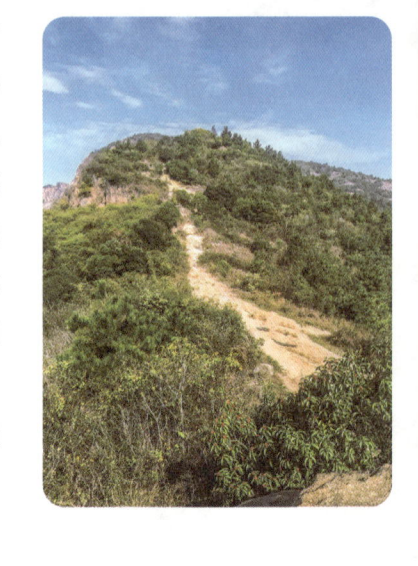

漫步其中，凉风习习，尽可感受苏州城中不多见的青山绿水。龙池下游是白马涧溪涧，蜿蜒曲折，一步一景。

> 景区信息：门票60元，周一至周五09:00—16:30开放（16:00停止入场），周六、周日09:00—17:00开放（16:30停止入场）。

线路 2

苏州博物馆西馆 ⇒ 天平山

天平山 天平山位于苏州西南，距离苏州博物馆西馆约5.5千米。天平山山势不高但奇险秀丽，巨石嶙峋，素有"吴中第一山"的美誉，以"红枫、清泉、怪石"为山中三绝。

天平山为北宋名臣范仲淹先祖归葬之地，后建有范文正公祠，是江苏省文物保护单位。祠堂北侧种有121棵明代古枫香树，是华东地区最大的古枫香群落。与常见的鸡爪槭红叶不同，天平山400余年树龄的古枫香树更加高大，平均树高约20米、冠幅达10米，绝对称得上树影参天。

秋日游天平，可以看到"直上云霄"的层林尽染，"枫枫火火"，明艳炽烈。枫林掩映中，有康熙御碑亭等清代帝王南巡胜迹，这又是一处皇帝下江南"打卡"的景点。

> 景区信息：门票30元，08:00—17:00开放（16:30停止入场）。

姑苏怀古主题

线路 1

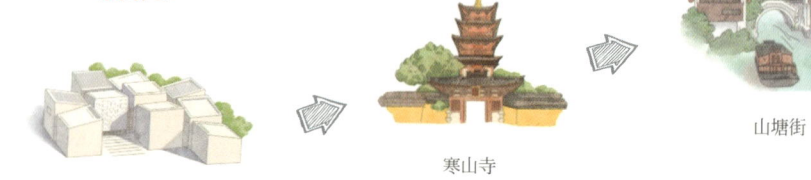

苏州博物馆西馆　寒山寺　山塘街

寒山寺　"姑苏城外寒山寺，夜半钟声到客船。"《枫桥夜泊》里的一句诗，让寒山寺钟声成为姑苏城最悠久的声音符号。寒山寺位于苏州古城西北，距离苏州博物馆西馆 5 千米。寒山寺供奉寒山与拾得二仙，就是传说有着"世间有人谤我、欺我、辱我、笑我、轻我、贱我、恶我、骗我""只是忍他、让他、由他、避他、耐他、敬他、不要理他、再待几年你且看他"名对的和合二仙。

尽管如今的寒山寺经历数次重建，早已不是当年的模样，但站在"历史发生的地方"，总有一种迷人的氛围，让年轻人感受到一些千年前的情绪。寺庙中可以敲祈福钟、吃祈福素面、投喂锦鲤，大概是当年张继不曾体会的快乐。

寒山寺可与寺外的枫桥景区一并游览。除了江枫渔火，枫桥景区的铁岭关建于明嘉靖年间，邻水而设，气势巍峨，是苏州古城唯一保存完好的明代抗倭关楼遗迹。1949年4月27日，人民解放军也正是在枫桥打响了解放苏州的第一枪，在铁岭关一线撕开了敌人的防线。几段历史，由个体感受到波澜壮阔的时代大潮，都在江枫洲的城关、城河中汇聚了。

上塘游船　游完寒山寺枫桥，推荐在江枫洲码头购买前往山塘街的船票，一路欣赏枕河人家的风景，悠悠荡荡来到《红楼梦》中"红尘中最是一二等富贵风流之地"的七里山塘。

tips　　上塘游船票价 50 元。截至 2023 年 4 月，这条航线尚未开通夜游线路，游客须在 16:30 前通过"七里山塘"小程序购票登船。

如果是上午从西馆、寒山寺一路游览过来，那么抵达山塘街时，想必已接近日落时分。游一游街巷，找一找美食，站在古桥上看一场古城日落，静候山塘夜间"灯火通明"那一瞬的到来，把握住山塘傍晚的浪漫。

线路 2

苏州博物馆西馆　→　留园　→　虎丘

留园　从西馆出发，也有前往四大名园之一留园的直达公交，自驾或打车约 7.5 千米。留园是苏州清代园林的代表，看完纯粹江南展结尾部分的清代风雅，正好适合前往园林一探究竟。冠云

峰、紧凑而错落有致的亭台轩榭、曲折相序的长廊，以及"嘉晴喜雨快雪""活泼泼地"等生动鲜活的建筑匾额，都让留园永远在百园之城独树一帜。

虎丘 从留园出来，可继续乘坐公交前往虎丘，沿线是苏州的林荫道，一路绿意盎然直到山脚下。虎丘云岩寺塔是苏博镇馆之宝秘色瓷莲花碗的出土地，看到虎丘的青翠山林，也许更能捕捉到秘色瓷"夺得千峰翠色来"的迷人色彩。

而山上的剑池，相传为吴王阖闾墓所在，不仅关联吴国铸剑传说，崖壁上自唐以来的摩崖石刻也时时宣示着这里的文化分量。难怪无论是在吴门画派的笔墨中，还是在张岱、袁宏道的字里行间，虎丘都是苏州最雅俗共赏的名胜景观了。

每年中秋国庆之际，虎丘例行举办"虎丘曲会"。"凡月之夜，花之晨，雪之夕，游人往来，纷错如织，而中秋为尤胜"的景观，时隔数百年，仍于每年金秋，传承再现。

（以上信息以景区公示为准，下同）

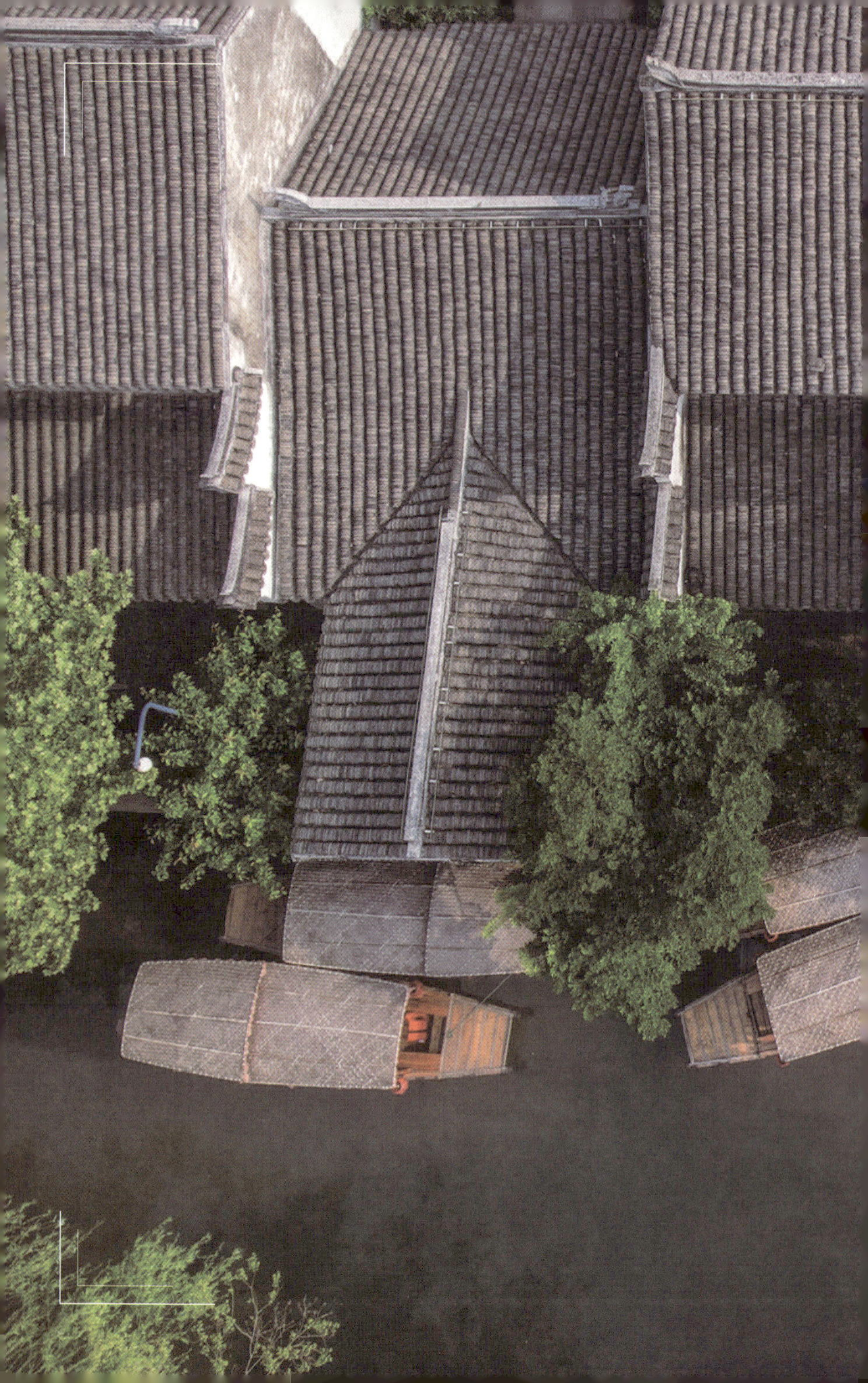

第三篇章

博物知旅　苏博下一站

下一站去哪儿，听文物的

红陶甗

去草鞋山，看看我所经历的生活！

苏州博物馆藏马家浜文化红陶甗，出土于苏州草鞋山遗址。透过一只简单的陶甗，我们看到距今7000—6000年前，生活在苏州的先民，枕水而居，抟土制陶。苏州有1万年的人类活动历史，这1万年历史的追溯离不开考古发掘。在众多遗址中，草鞋山遗址完整保存了十个考古地层，被称为"江南史前文化标尺""世界稻作文化的原乡"。可前往草鞋山考古遗址公园，一探陶甗同时期人类生活。

➡ 草鞋山考古遗址公园
➡ 苏州市工业园区阳澄环路与阳澄湖大道交叉口

吴王剑

临剑池，铸剑，霸春秋！

苏州博物馆藏吴王夫差剑，长剑寒光，锋利如初，菱形格纹仍清晰可辨；馆藏吴王余眜剑，其铭文记述了吴国王室世系。春秋时期，吴国擅长铸造青铜兵器。专诸刺王僚，用剑；干将莫邪，铸剑；夫差称霸，亮剑。今天，人们常用温婉来形容姑苏城，而这座城曾经也充满冷峻的"剑气"。市区的主干道干将路横穿古城，路中有河，仿佛冷兵器上的血槽。莫邪路在相门桥下与干将路交错而行，而这座相门，古名干将门，相传就是干将莫邪夫妇铸剑之地。寻访完干将路，不妨再去虎丘看一眼剑池，剑池深而细长，如同一柄青光剑直分山石。

➡ 干将路 ➡ 相门 ➡ 莫邪路
➡ 苏州市姑苏区干将东路

唐俑

> 星夜旅途，走白居易疏通的山塘河入城

西馆陈列的唐俑，通体呈现北方风格；本馆展示的长沙窑瓷器，从湖南远道而来，在苏州中转去往更广阔的市场。隋唐以来，大运河的开通极大便利了南北交通，苏州作为运河沿线城市也逐步成为交通要道、商业重镇。而由城际河道进入城市内河，就不得不提白居易在苏州任职时，主持疏通的山塘河水道。山塘至今保留有"白居易码头"的地名，水上一游，神游唐代苏州。

➡ 山塘街白居易码头（古运河游船、山塘河观光游船）

➡ 苏州市姑苏区山塘街方基巷58号白居易纪念苑旁

彩绘四大天王像木函

> 吴带当风，"一堂半"中寻宋之旅

本馆吴塔国宝展厅的"塔放瑞光"展室陈列有"北宋大中祥符四年"款彩绘四大天王像木函。函上罗汉怒目圆睁，衣带飘飘尽显超凡脱俗。南北朝以来，佛教绘画有着"曹衣出水""吴带当风"两种风格，木函上宋代绘制的四大天王像，正是"吴带当风"在江南传承的例证。宋代彩塑，有"天下罗汉两堂半"之称，其中苏州独得一堂半，一堂在太湖东山紫金庵，半堂在甪直保圣寺（P155）。

➡ 紫金庵

➡ 苏州市吴中区东山镇碧螺村西坞

091

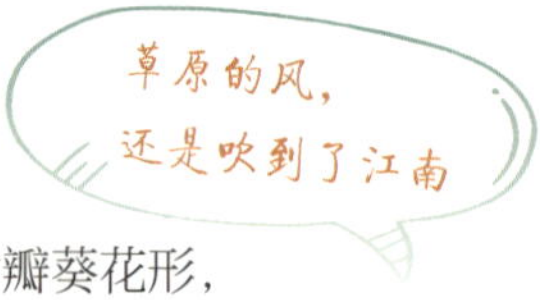

元代银奁

> 草原的风,还是吹到了江南

本馆陈列的张士诚母曹氏墓出土银奁,呈六瓣葵花形,绘有牡丹、迎春等吉祥纹饰。三层妆奁内,存放着银镜、银梳、银盒、银盂、刷器、刮器等妆造用具,反映了元代江南女性的精致生活。提及江南意象,大家往往想到宋明风雅,却常常忽略多民族大交融的元代对苏州的影响。苏州狮子林始建于元代,张士诚于元末雄踞苏州,张家港黄泗浦、太仓繁村泾在元代是重要的外贸港口。草原的风吹到江南,也将南方的气度远播海内外。

➡ 太仓市博物馆"大元瓷仓"陈列

➡ 太仓市上海东路100号

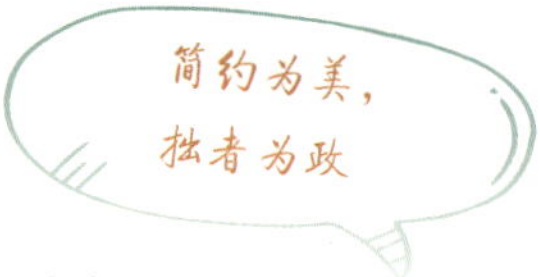

微缩明式家具

> 简约为美,拙者为政

"明星文物"微缩明式家具,一桌、一椅、一床,简约而符合法度,是备受收藏界推崇的明式家具的等比缩小版。家具上没有繁复的装饰,原木的质感凸显了文人追求本心的朴拙,这与明代园林拙政园所蕴含的"拙之者为政"不谋而合。观明代文物,游明代园林,若是行程不急,再听一折创作于明代的昆曲《牡丹亭》,从简约的器物、简约的园林、简约的音律中,感受明代的文人长物。

➡ 昆剧传习所:实景昆曲《游园惊梦》《玉簪记》

➡ 苏州市姑苏区平门校场桥路9号

> 百工云集，金阊门繁华姑苏

清刺绣盘金官样

这组文物是清代的刺绣饰品，用料考究、做工精细，体现了苏州丝绸刺绣的高超工艺水平。清代《姑苏繁华图》与《乾隆南巡图》中，阊门均是最为繁华的一段，市招林立，商贾云集，有丝绸商铺、米行、酒行，不少绸缎店招牌上都有"贡品"字样，标榜自家售卖的是"皇家同款"。今天的阊门内外，依旧保留有当年山塘街、阊门内大街、西中市、专诸巷等商业街巷的格局，可去寻访苏作工艺从这里北上乃至走向全国的故事。

➡ 阊门遗址
➡ 苏州市姑苏区阊胥路 521 号

> 名士风流，古城的新气象

柳亚子肖像

1909年，苏州吴江人柳亚子创立南社，取"操南音，不忘本也"之意，提倡民族气节，反对清朝统治。近代，各种进步思潮在苏州传播与交流。黎里柳亚子纪念馆、山塘街的中国南社纪念馆，彰显了柳亚子的名士风流；平江历史街区内密集分布的顾颉刚等近代学者和近代医生的故居，反映出人文兴盛；五卅路街区聚集的苏州石库门里弄建筑群、商贾洋房，是近代工商业发展的缩影。千年古城在人文气韵的滋养下呈现出新的气象。

➡ 柳亚子纪念馆 ➡ 中国南社纪念馆
➡ 苏州市吴江区黎里镇中心街 75 号、姑苏区山塘街 800 号

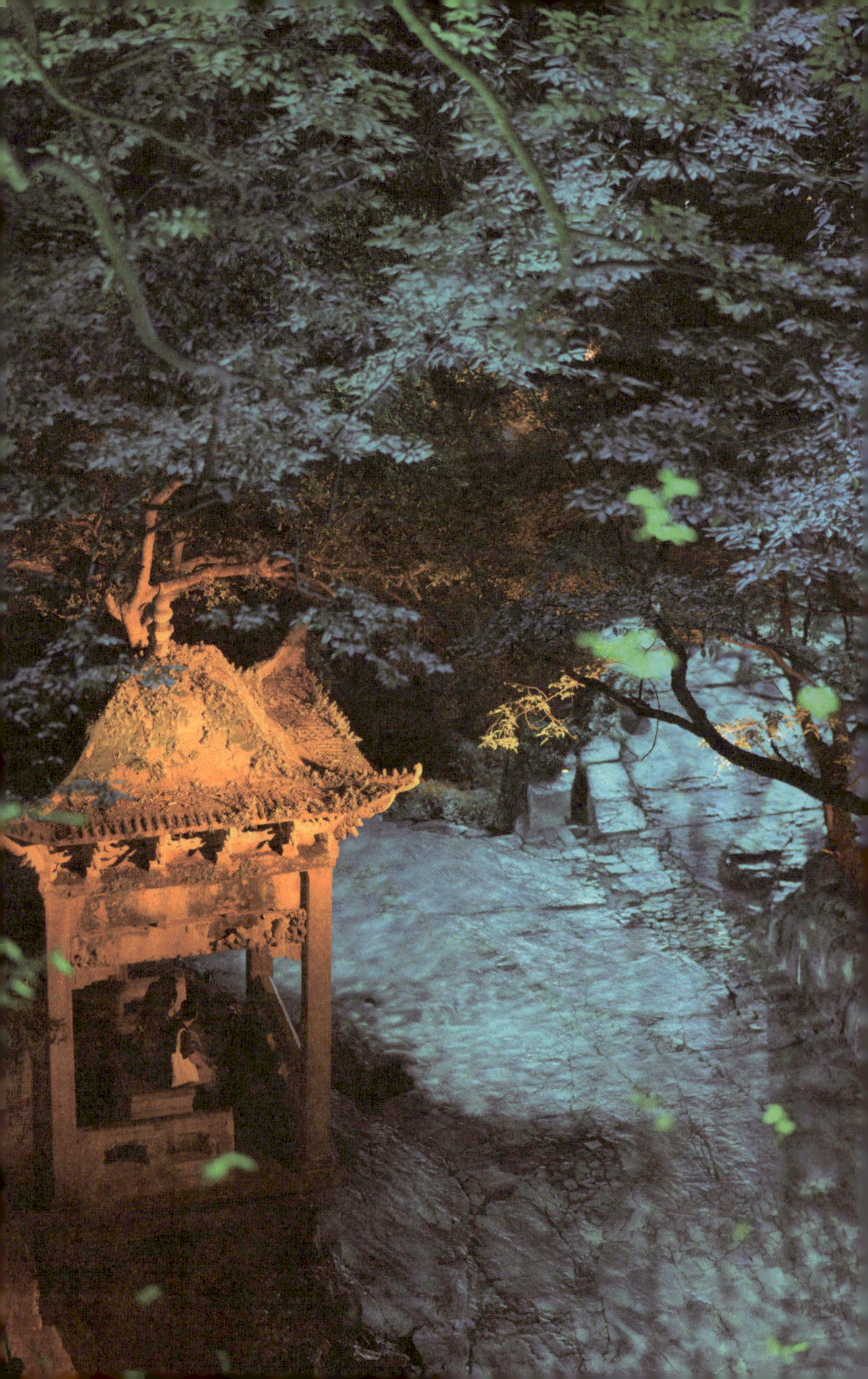

下一站，园林。

何为苏州园林？

苏州园林，是苏州古典园林的总称。我们今天看到的苏州古典园林文化，起源于春秋，繁荣于宋代，在明清两朝达到全盛。

苏州园林大多为私家园林，园宅合一，可赏、可游、可居，既是居住空间，又是景观空间、美学空间，讲究在城市中用叠山、引水等技法，营造"城市山林"的意境，实现明代造园家计成所追求的"虽由人作，宛自天开"的境界。园林，是苏式生活和江南文化的实景博物馆。

从小我们就熟知，苏州拙政园、北京颐和园、承德避暑山庄、苏州留园被称为中国四大古典园林，其中皇家宫苑与苏州私家园林平分秋色。一边是规整气度，一边是"咫尺之内再造乾坤"的玲珑精致。清代自康乾南巡以来，皇家宫苑也多借鉴苏州园林技法，颐和园有苏州街，圆明园有长春园……古往今来，无论庙堂与市井，都对苏州园林心生向往。

1997年，以拙政园、留园、网师园、环秀山庄为代表，苏州园林被列入世界文化遗产名录；2000年，沧浪亭、狮子林、耦园、艺圃、退思园成为世界文化遗产。"江南园林甲天下，苏州园林甲江南"更加广为人知。

世界文化遗产苏州园林

园林	始建年代	地址	门票信息
拙政园	明	姑苏区东北街178号	旺季90元　淡季70元
留园	明	姑苏区留园路338号	旺季55元　淡季45元
网师园	清	姑苏区阔家头巷11号	旺季40元　淡季30元
环秀山庄	清	姑苏区景德路272号	15元
沧浪亭	宋	姑苏区沧浪亭街3号	20元
狮子林	元	姑苏区园林路23号	旺季40元　淡季30元
耦园	清	姑苏区小新桥巷6号	旺季25元　淡季20元
艺圃	明	姑苏区文衙弄5号	10元
退思园	清	吴江区新镇街234号	100元（同里古镇联票）

如何更优雅地欣赏一座园林

走入园林，除了看格局、看景观、看知名建筑，还可以有更多小众的深度玩法。

隐藏的诗意

作为文人的隐居空间，大部分园主都在造园中埋下小心思，让园林成为"看得见的诗"。以园名为题眼，匾额、楹联、题诗无不围绕主题进行。"拙之者为政""以渔父网者为师""耦园住佳偶"……看懂了园林的题眼，方可说找到了真正读懂园林诗意的钥匙，找到了与园主神交的路径。

流动的建筑

造园难，守园更难，园林养护的巨大开销，让私家园林的园主频繁更换，兴废往复。明朝人欣赏舒朗，清朝人追求"移步换景"的精妙，晚清近代更加注重彰显园主的个人风格。不同朝代的审美，有时会在一个园子中微缩，园林，亦是流动的建筑史诗。

拙政园

四时的风景

一座园艺设计优秀的苏式园林,应当是"四时之景不同,而乐亦无穷"。园林四季,很多时候通过植物园艺来呈现。春季网师园的玉兰、留园的海棠,夏季拙政园的荷花,冬季沧浪亭的美人茶、怡园的红叶……你可以追逐物候来到园林,从植物视角,细品园林。

沧浪亭

拙政园,自称笨拙者开创的建筑杰作

拙政园,始建于明正德年间。官场失意的御史王献臣解官归隐故乡苏州,在城东北一角的大弘寺和宁真观废址上,整理出200余亩土地,引水筑园,广植竹木,"茂树曲池,胜甲吴下",建造了拙政园的雏形。

此时的园景,水面独占三分之一,自然恬淡,舒朗淡泊。在文徵明的《拙政园图咏》中,很少见复杂的建筑,柴扉环绕,轩室简约,虽然园在城中,但有田园逸趣、山林野景之妙,彰显晋代《闲居赋》中的"拙之者为政",也是王献臣的造园主旨。

对于拙政二字的玄机,不同人有着不同的见解。一说是园主自谦,自己笨拙无才,只好拿造园种菜作为自己的"政务";一说是园主自嘲,意指这是"官场笨蛋"的园林。艺术从失意中来,如果没有王献臣当年的痛苦,世上大概要少一座园林杰作,供后世的无尽"拙之者"感时伤事了。

今人逛拙政园，最喜欢的打卡机位，便是透过开阔的水面拍摄报恩寺塔与园景的结合。这种水面广阔之感，依稀是当年王献臣最早筑园时的样子。

往后几百年间，王氏一族家道中落，拙政园几经易主。清顺治五年（1648），太子太保、弘文院大学士陈之遴购园，与其夫人才女徐灿和四子在园内广植鲜花、修缮题跋，拙政园变得"鲜花着锦"起来。可惜陈之遴购园后仕途繁忙，算不得笨拙，"自买此园，在政地十年不归，再经谴谪辽海，此花从未寓目"（吴伟业《咏拙政园山茶花诗（并引）》），也是拙政园一段令人唏嘘的往事。

又经几世，拙政园由一整个园林，拆分成若干部分，景观分别添设，逐渐形成今天东、中、西三路风格不同的景色。经历私家园主、太平天国忠王府、八旗奉直会馆等时期后，厅堂亭榭、游廊画舫等组合成景，庭院空间变幻曲折。从私家园林改为官署园林，当年隐退官场的那份"拙"气，自然也隐于新的建筑之后。

晚清时期，拙政园小飞虹、得真亭、志清意远、小沧浪、听松风处等轩亭廊桥，依水围合，空间婉转。

清光绪三年（1877），拙政园西部被吴县富商张履谦买下。张履谦追求奢丽，大加修缮拙政园，精致绮丽的卅六鸳鸯馆、十八曼陀罗花馆便是张氏增设。

卅六鸳鸯馆，为张氏听曲休闲的场所。建筑邻水，下方悬空，周围设四个顶轩，分别从上下和四周形成天然的扩音空腔，听曲时余音袅袅、绕梁不绝。阳光透过彩色玻璃窗进入屋内，流光溢彩。

从最早王献臣的笨拙自隐至今，拙政园历经 32 位园主，见证了 32 种"拙政"的风格，成为名副其实的"园林博物馆"。

留园，留下建筑的妙笔

留园，曾名"东园""寒碧山庄"，始建于明万历年间，但建筑布局形成完善于清朝，是苏州园林中清代风格的代表，以建筑艺术和空间运用艺术著称。

游客由厅堂建筑入园，首先体验的便是东部最复杂多变的建筑空间。从入口穿过狭长廊道和连续的天井，就在人将要沉溺于"庭院深深深几许"的落寞时，一个转角，"古木交柯"景观撞入眼帘，春季山茶自檐而下，明艳生动。作为中部园林主体的山水景色，此时也透过花窗若隐若现。园景之间，曲廊相连，云墙相隔，迂回连绵700余米，通幽度壑，移步换景。

然而，留园数百年间经历"三兴三废"，能够完整保留呈现于今日，殊为不易。

留园的第一代园主，是明万历年间太仆寺少卿徐泰时。留园时称东园。徐泰时推崇太湖石，当时园内有南宋花石纲遗石"瑞云峰"，由此奠定了历代园主好奇石的审美偏好。

清初，园林一度改为踹布作坊，而瑞云峰也被移入苏州织造府，东园进入了第一次荒废期。直到乾隆五十九年（1794），园子才等来它的第二任主人刘恕，更名为寒碧山庄。刘氏移入精心搜集的十二名峰，坊间又称其为"刘园"。

留园冠云峰，与瑞云峰并称为苏州园林太湖石之首。

不料短短几十年后，苏州遭遇太平天国战事，园林又历一劫。同治十二年（1873），寒碧山庄旧址被盛康购得，盛康和其子盛宣怀尽心经营，园林被誉为"吴中名园之冠"，"留园"最终得名。然而精致园景在近代的动荡中，终究是"彩云易散琉璃脆"。直到1953年，苏州市人民政府决定修复留园，一批园林学者综合实地遗存、明清书画、近代测绘，终于让一代名园重现光彩，留下了这一处苏州园林建筑的妙笔。

一个"留"字,如历史曲折,百转千回,早已从当年"刘园"的谐音,成为园林记忆的寄托。

狮子林,乾隆和贝聿铭都爱的假山迷宫

狮子林始建于元至正二年(1342),初名"狮子林寺",因园内石峰林立,形状多似佛教瑞兽狮子而得名。狮子林以假山著称,山、林、园中蕴含禅机。

狮子林假山是中国园林仅存的大规模假山,采用迷宫式做法,设计有9条路线,21个洞口,横向极尽迂回曲折,纵向力求回环起伏。

不光初次到访的游客会在"须弥山"中四顾茫然,就是多次寻访者,也不免"迷失自我"。终于行至山顶,可看到"含晖""吐丹""玉立""昂霄""狮子"诸峰,却又要为下山的路发愁了。

清代乾隆六次游览狮子林，留有"真趣"题额，想来也曾徜徉在假山迷宫中，悟道参禅，于园林中品得真趣吧。1917年，建筑大师贝聿铭的叔父颜料商人贝润生购得狮子林，少年贝聿铭曾在狮子林中小住，留下了一段欢快无邪的回忆。

　　除却假山，狮子林古木苍劲，秋日黄叶热烈动人。西侧水涧，苔藓和绿蕨丛生，不失山间野趣。

沧浪亭，清兮浊兮难辨至今

沧浪亭，始建于北宋庆历年间，是苏州最古老的园林之一，南宋初年曾为名将韩世忠的住宅。园名出自著名的渔父之辩——"沧浪之水清兮，可以濯吾缨；沧浪之水浊兮，可以濯吾足"。文人如何在复杂社会环境中处世的思辨，由战国至宋，由宋至今，永远让人共情，永远让人困扰。

沧浪亭以复廊、花窗、竹林著称。通过复廊和廊上花窗，设计者巧妙地把园外之水，置于园内的游赏视野之中，弥补了园内水面狭小的不足。这条充满巧思的廊道，也因此与拙政园西部水廊、留园中部爬山廊，并称为苏州古典园林的三大名廊。

廊上花窗，据统计有桃子、荷花、琴棋书画、中国结、虫鱼鸟兽等 108 种式样，不仅营造出移步换景、光影斑驳的效果，也浓缩了苏式造园法中的花窗艺术精华，本身成为一道景观。

园中引种了多品种翠竹，象征文人气节的竹子葱郁成林，与园中的五百先贤祠一样，构成清浊之辩中，崇尚清廉、养浩然正气的一种答案。

小众园林

苏州的每一座园林，都像是一座博物馆，陈列着苏式审美、苏式技艺。四大名园之外，每个园子都有其独到的可爱。如果担心四大名园旺季摩肩接踵，散落在城市中的小众园林，可以给你属于园林清梦的片刻宁静。如果有时间在苏州多停留几日，多看几座园林，更能让你感受到苏州园林看似相似实则园园不同的趣味。

网师园 以螺蛳壳里做道场般的精致著称，假山、轩室、花木、石桥都紧密围绕在水池周边，在不大的空间里，山石、湖水、山林无一不备。春日里，网师园的玉兰竞相绽放，白的玲珑，二乔灵动，使得3月初有时一票难求。

环秀山庄 以假山为盛，为清代叠山大师戈裕良的手笔，独占全园三分之一。既有远山之姿，又有层次分明的山势肌理，峭壁、峰峦、洞壑、涧谷、平台等山中之物应有尽有。

耦园 苏州园林里唯一的爱情主题园林，也是为数不多有水码头的城市园林。如今，耦园不仅是苏州的婚纱照拍摄圣地，还可以登记结婚、举办传统婚礼。情侣出游，宜来此沾沾喜气。

怡园和**艺圃** 有着亲民的园林茶室，老苏州人经常去喝茶聊天。古人以园林茶事为雅集，随着园林的开放，这一雅事也走入寻常百姓家，成为苏式生活的一部分。

退思园 为清代官员任兰先罢官回乡所筑，园名中蕴含"退思己过"之义。园林贴水而建，亭、台、轩、榭密集分布于池水周围，以回廊相连。在这样的精致中"退思"，与明代的"拙政"形成了鲜明对比，可以感受到明清两代社会风气的变化。

柴园 现为苏州教育博物馆，是一处免费开放的园林。柴园为清道光年间潘曾琦宅园，光绪年间由浙江上虞柴安圃购得，重修扩建后，人称"柴园"。格局为东宅西园，建有鸳鸯厅、楠木厅、船厅，展现清末风格。

寺庙园林

除了私家园林，寺庙园林也是中国古典园林中的重要门类，苏州知名寺庙大多有园。明清时期，文人墨客在寺庙园林中与禅师论禅辩机，逢年过节仕女烧香祈福时，也可难得地走出宅院，到寺庙园林中游观。如今，苏州西园寺、寒山寺、灵岩寺、报恩寺等寺庙都有寺园，寓禅于园，风格各异。

西园寺　始建于元至元年间，古称归元寺。因徐泰时营造东园（今留园）时，同时将寺庙旧址改为宅院，时称西园，后世重建寺庙后便称为"西园寺"。西园寺为律宗寺庙，修持严谨，清、净氛围尤为突出。寺中古树参天，闹中取静。最近几年，因园中多收养流浪猫而走红网络。来西园寺敬香、抄经、撸猫、吃素面、看僧众早晚课，浮生偷得半日清修，治好了半个苏州年轻人的精神内耗。

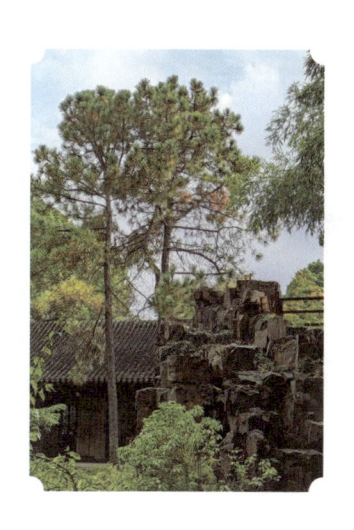

报恩寺塔梅圃　报恩寺塔东侧的梅圃，是一处苏州本地人都极少知道的免费园林，1978年由苏州市人民政府主持重建。园中假山用含铁量较高的黄石叠成，山石呈现锈红色，故名"铁石崖"，带有苍茫的"山系"禅意。园林在天际线上做出了层次，近水、中山、高树、古塔，比传统园林更加立体，是苏州当代营建园林中的妙品。

现代园林

上方山国家森林公园 上方山位于苏州古城西南郊区,自明清时期开始,就是苏州人春季赏花踏青胜地。每年春天,上方山国家森林公园例行举办"百花节",各类鲜花漫山遍野,令游人如痴如醉。

石湖风景区 属于太湖支流,位于上方山东麓。每至中秋,夜半子时,月光穿过行春桥,水中会形成一串月影,彼时"夜半潮生看串月,几人醉倚望河亭",正是姑苏知名的"石湖串月"景观。

【上】上方山国家森林公园
【下】石湖行春桥

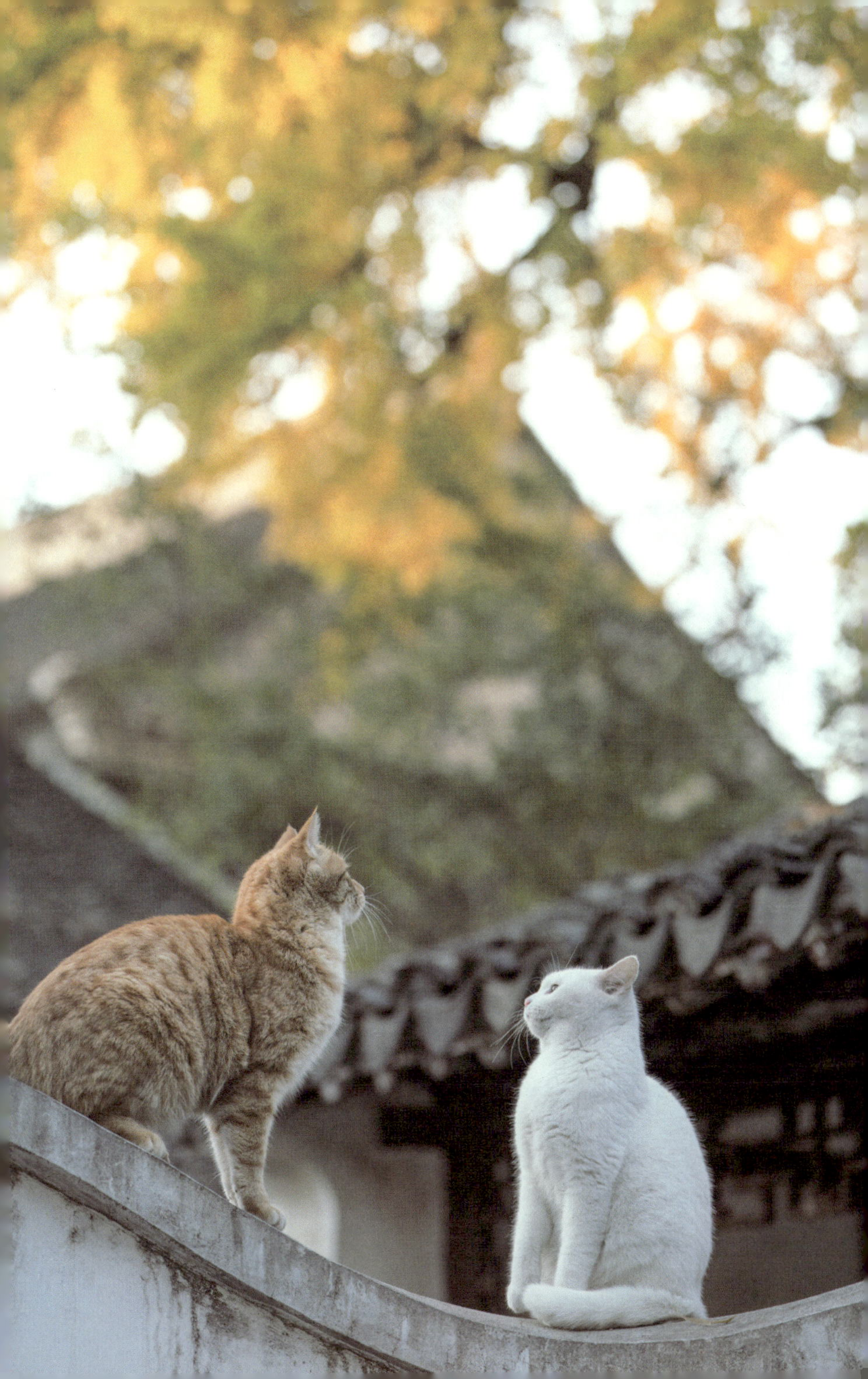

特色体验·园林猫事

苏州的很多园林寺庙都有猫。粉墙黛瓦和假山水池间,小猫咪们肆无忌惮地飞檐走壁,出入未开放区域,或"寻花问柳",或"招蜂引蝶",不受任何人和机构的约束。

花开花落、人来人往,属于园林的传奇写进了历史,属于猫咪的传奇写进了园林。

怡园的老咪和小白,一黄一白,一公一母,拥有专属的微博(@老咪和小白)。这对神仙眷侣和另一"闯入者"的狗血故事,为许多都市饮食男女所津津乐道。留园的阿花和阿杂母女,一三花一玳瑁,名字朴实,却闲情雅致得很,赏花看红叶过于普通,在异形花窗间移步换景才算有点意思。而西园寺、寒山寺的寺庙猫,大概早已懒得解释它们到底能不能听懂佛经这种八卦了。

游人乐于相信这些萌宠出身名门,祖上跳上过文徵明的书案,打翻过唐伯虎的颜料,吃过康乾南巡的御膳剩饭,也曾在过云楼藏书缝隙叼出过老鼠。

但有时候老苏州人更愿意相信另一个故事。

水乡街肆里生活的"老苏州",大都喜欢养上一只捕鼠猫看家护院。

记忆里的每个暑假,似乎都有这样一两个瞬间。疯玩累了回到家,气喘吁吁地站在穿堂风里,漫不经心地听着长辈电视里重播数十次的老剧。突然屋顶一阵咯吱咯吱的响动,又传来几声愠怒的叫声,是猫主子踩着瓦片,和闯入领地的小流浪发生了一场"荣誉之战",各自虚张声势,战况焦灼……

伴随着瓦片被踩得噼里啪啦的声音,长辈像数落猫又像数落你,嗔怪道:"傺个白脚狸花猫,吃仔往外跑!"(形容吃饱了就跑出去玩)挨了骂,猫儿一溜烟跑了。你也无奈地伸伸舌头,目送替你扛了所有罪名的"白脚狸花猫"头也不回,像个侠客,一路向不远处的园林跑去。

后来邻居们很多都搬去了楼房,或自愿或被迫留下来的猫咪们,干脆搬进了园林蹭吃蹭喝讨生活。在游人的感叹声和相机的咔嚓声里,淡忘了曾经的家长里短,摇身一变,"白脚狸花猫"已是园中一线明星。

城市化的脚步终究是不可逆的,从平房到新村,从平层到高楼。纵使在同一座城市,焦躁的脚步也拖着我们离真正的故土越来越远。

现代城市的缝隙中,这些最风雅的园林,通过收容这些流浪的猫猫,兜底了我们最为市井的俗世记忆。雅俗共赏的故事,再次在园林空间续写下来。(猫咪图 @ 西蒙娜的猫咪物语)

特色体验·园林夜游

无论是《浮生六记》还是康乾南巡记载中，我们都能看到，古人对园林的爱，不止在白天。夜游、夜赏、夜听昆曲，通宵达旦，一直是园林生活中不可或缺的部分。随着"夜经济"的兴起，苏州也将园林的美延伸到夜晚，一批小众夜游园林体验接连问世，带来不同于白日喧嚣的私家体验。

网师夜花园 已经有近30年的历史，主打昆曲、评弹等夜间演艺与园林夜景的结合，将苏州的声、色、生活，融于一场夜游体验。游览综合了网师园的精致建筑、昆曲评弹的吴侬软语、江南丝竹的水乡之韵，是夜游产品中的经典之选。每年春夏秋三季开放，游览时间约1小时，票价100元。

网师夜花园

拙政问雅 由中国美院设计团队打造，从园林中"月"的意象出发，用现代声光特效结合园林置景，重新阐释园林的诗意空间。游览线路也与日间不同，从西部李宅入园，渐次向中央游览。从墙上的画意，到园中的画意，最后到圆月升空时胸中的画意，带领游客展开一场问雅之旅。游览时间约1.5小时，票价198元。

拙政问雅

实景昆曲《浮生六记》 通常在每年秋季推出当年的升级款产品，是园林夜游产品中的高端产品，价格在 1000 元以上。由青年昆曲名家在园林实景中演绎沈复与芸娘的爱情故事，享受最接近"私家园林"的夜生活体验。

退思园夜游 以"诗中有画，画中有诗"如入画境的理念打造，灯光设计古朴还原，明黄色系灯光如同古时的灯笼烛火，再现古人的园林风雅生活。古人的巧思与今人的向往，共同呈现在这幅画境长卷中，止于至善。

退思园夜游

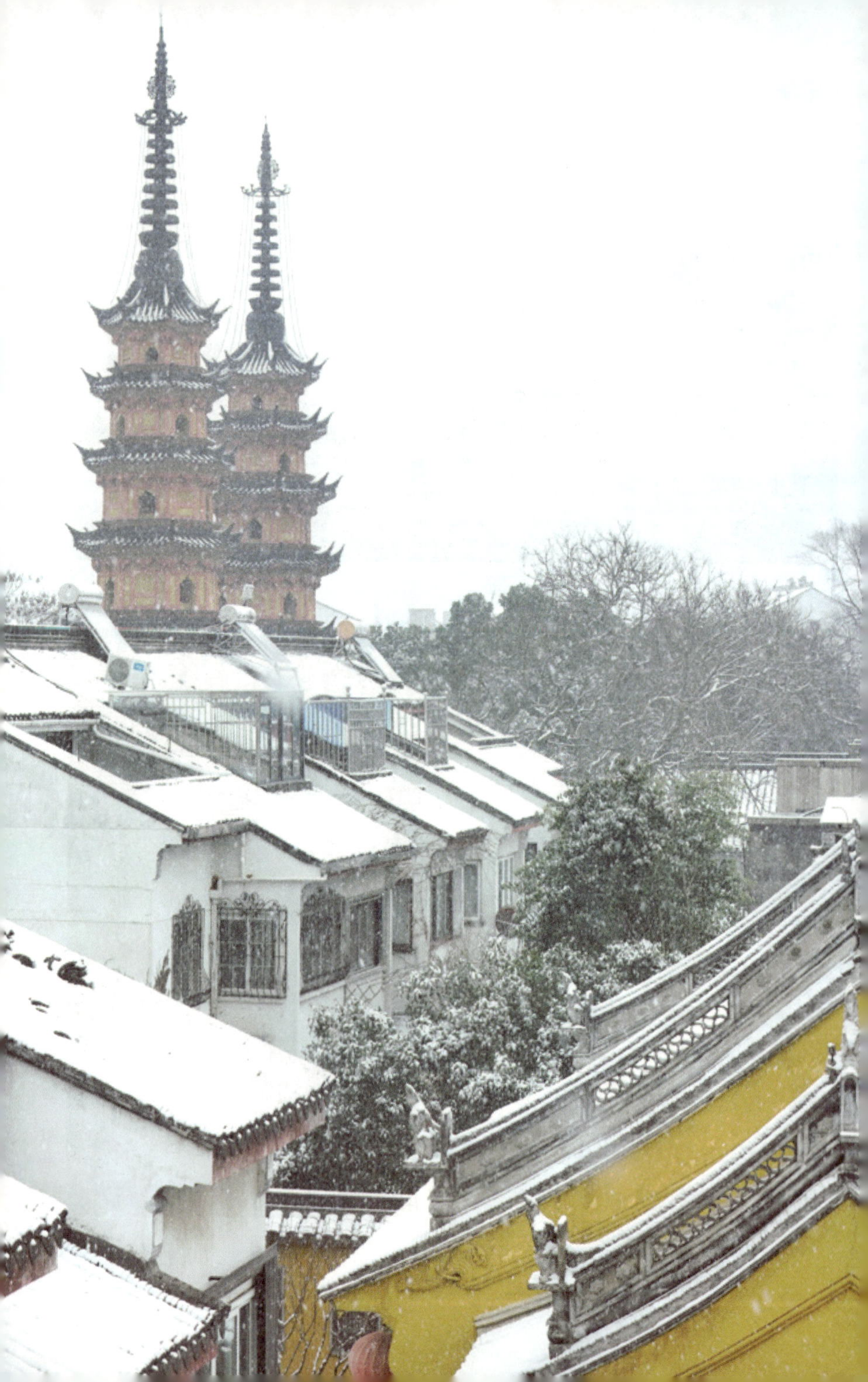

下一站，水乡街巷。

平江路：是"人从众"，也是"半座姑苏城"

来苏州，如果只选一条水乡街巷，多半游客会选择平江历史街区。一条平江河、沿河平江路，由南至北，北近拙政园，南眺双塔；悬桥巷、钮家巷、大儒巷、狮林寺巷等大小巷子横穿其中；11座古桥，点缀在粉墙黛瓦的建筑中间，一眼望去，便是江南。

苏州人常说"一条平江路，半座姑苏城"，或"先有平江路，再有姑苏城"，都关联着"平江"的一段典故。

"平江"之名，源自苏州宋元时期行政建制名，宋时为"平江府"，元代改称"平江路"。苏州最早的城市地图《平江图》，便是南宋时的苏州街道坊巷实录。对照《平江图》，可以看到今天平江路一带"水陆并进"的双棋盘街道格局，仍与800多年前的南宋基本一致，这大概也是清代"平江路"街巷名最终固定下来的原因。

盛名之下，平江路难免备受游人追捧，满眼皆是"人从众"。但其实，平江历史街区也有着若干深度游览的方法。

水上游 平江路摇橹船，游线自平江路北入口至南端，票价40元一人，行程约半小时。乘着小船，在不宽不窄的河道中漂荡，入眼是水墨画般的白墙苔痕，头顶掠过的是一座座被时光打磨圆润的青石古桥。耳畔时而是桨声欸乃，时而是街上的游人喧闹，时而飘过沿岸茶馆的评弹曲声，清风碧水，静心安闲。

街巷人文游 平江历史街区有大小十余条巷子，每条街巷都有独属它的历史掌故和现代业态特色。**钮家巷**书香四溢，苏州状元博物馆位于西端，中部是长于古籍碑帖的文学山房旧书店。**悬桥巷**名人辈出，清代乾嘉时期著名藏书家、校勘学家黄丕烈的藏书楼旧址位于街上，晚清状元外交家洪钧与红颜赛金花的故居气势非凡，此外还有近代中医妇科专家钱伯煊的故居、苏州著名西医方嘉谟的故居、著名历史学家顾颉刚的顾家花园。一条悬桥巷，人杰地灵，引得无数游客流连于此，寻古探幽。

街巷文艺游 连通狮子林与平江路的**狮林寺巷**，寺前不似当年清心寡欲，现在是苏州创意餐厅的集聚地，咕咕餐厅、do my best、桃花源记、豆壳等餐厅，尽情释放着老城的现代味道。取名自"蒹葭

黄丕烈藏书楼

116

创意餐厅

苍苍，白露为霜"的**菉葭巷**，名副其实充溢着文艺的格调，苏派书房的阅读氛围，辅以奎市的精品咖啡、阿木春记的传统小吃，便是一种新苏式的腔调。**肖家巷东升里**与青年艺术家共同打造了"涂鸦长廊"，街道、画廊、酒吧、巴黎会馆都成为时常举办艺术展的艺术空间。

声音游　随着旅游业的升级，听觉体验的开发，越来越多地融入业态创新中。平江路上多数古建筑、古桥、街巷，都设置了"声音点位"，扫描二维码可以听见街巷声音和街巷故事。在兰芽曲社，可以体验昆曲、评弹演出；《声入姑苏·平江》更是完全以声音为媒介打造的沉浸式感官体验剧，游客可以戴上耳机，跟随演员一起深入街巷、声入姑苏。

博物馆之旅　苏州城建博物馆、苏州戏曲博物馆、苏州状元博物馆，都位于平江历史街区，打卡藏在此间的小众博物馆，在观展中读城，解锁"一条平江路，半座姑苏城"的文化渊源。

下午茶之旅　在苏州人的习惯里，平江路更适合"平江午后约"，无论是像老苏州人一样点一杯碧螺春青茗，还是尝试"桂雨秋来"碧螺春冰淇淋、"茶色烟雨"碧螺春奶茶等创意饮品，或是在老牌文艺书店猫的天空之城，选一张明信片，把旅游经历向远方的朋友娓娓道来，都是一个难得的休闲午后。

山塘街:"何以姑苏"的历史沉淀

如果平江路是一部苏州街巷人文的历史书,那么山塘街就是一部苏州商业民生的历史书。

山塘街,七里长。东起山塘渡僧桥,西至虎丘望山桥。

与平江路、平江河相似,山塘街紧贴山塘河,从古城阊门附近一路延伸至虎丘。不同的是,山塘河相对开阔,河道上的古桥也多刻有"放生官河"字样。在现代人心目中,"山塘到虎丘"是一条水上游景观路线,而早期的山塘则是一条官河上的商贸运输水道,是明清时期中国商贸最为繁荣的街区之一。正是靠着这条"黄金水道",才有了"最是一二等富贵风流",其中富贵二字,都从商贸上来。也正因此,在整条山塘街上,数量最多、风格最气派的古建筑是会馆公所,它承担着早期同乡商会的功能。

来山塘,逛会馆

泉州会馆 位于山塘街192号,现在是苏州商会博物馆,陈列展示有晚清至近代的苏州会馆商会档案资料。另外,泉州会馆的部分建筑为原上塘街的汀州会馆迁址保护而来。一组建筑,两座会馆。

岭南会馆 位于山塘街136号,始建于明代万历年间,繁盛于清代。建筑曾作为山塘小学使用,目前是"江南织造府"丝绸文化展示中心。

此外,七里山塘景区内还有**绍兴会馆**、**冈州会馆**。在游客较少的新民桥西侧路段,还有更为宏伟的**山东会馆**、**陕西会馆**,门墙高大,砖雕精美。

这些"东西南北"的会馆,是山塘"生意兴隆通四海,财源广袤达三江"的真实缩影。

山东会馆　　　　　　　　　陕西会馆

作为"鱼米之乡"和"丝绸之乡",需要由官河转运至运河的大宗货物,米粮为一类、丝绸为一类,部分是民间商贸,部分是朝廷漕粮。无论是为"利润最大"还是为"漕运任务",经山塘河中转的官商船只最在乎两件事,一是仓栈船只防火,一是航道通畅安澜。于是山塘街又有了安泰救火会和在石桥边镇守航道的"山塘七狸"。这也是苏州独一份的可爱之处,关键地段的神兽,不是狮子,不是牛象,而是七只猫猫,"铲屎官"们怎能错过呢?

来山塘,数狸猫

山塘桥畔美仁狸,通贵桥畔通贵狸,星桥畔文星狸,彩云桥畔彩云狸,普济桥畔白公狸,望山桥畔海涌狸,西山庙桥畔分水狸。找猫猫的路线贯穿了七里山塘,只有真正有耐心和体力的游客,才能够集齐。

借着"吸猫"的由头,用脚步丈量了七里山塘,看遍了两岸人文风光。你会发现以新民桥为界,东侧的山塘街景区商业气息浓厚,而西侧则保留了更多的民生百态。有寺庙,有菜市场,原居民日日生活在其中,是更为"接地气"的山塘。

来山塘,吃早点

想要体验原汁原味的山塘市井生活,你需要——早点来。最近一两年,山塘推出了市井早餐品牌"山塘早点来"。避开人流,错开傍晚的旅行团高峰,早上 7 点左右来到山塘,可以悠闲地在荣阳楼来一碗面,尝一尝生煎和油氽团子,去新民桥菜市场看一看还沾着露水的青菜,买一份马栋佩烧卖,挑几个聚福楼糕团,带着饱腹感和满足感,开始一天的游览。

从商业到民生,再到具有人文氛围和成为城市景观,这是山塘街的故事,也是苏州的故事。

观前街:看见宇宙中心的余晖

观前街,一条很容易读错名字的街道。它不是意指看前方的风景,而是苏州最宏伟的道观——"玄妙观"前面的街。

也许,今天的玄妙观只是这条商业街上"看起来有点厉害"的古建筑。但想象一下,在遍地低矮平房的古代,一座面阔九间、重檐歇山的道家大殿,不说如仙宫一般,总也称得上美轮美奂、雄伟壮观。

观前街的故事，观前街区的格局，都围绕着令人仰望的"城市仙宫"玄妙观展开。道观前的街，叫**观前街**；宫观对着的巷，叫**宫巷**；山门故址所在的小路，叫**第一天门**。这些小巷子隐匿在今天喧闹的商业店铺中，颇有些经历过大世面的老人隐身市井的感觉，带着一分"道者独与天地相往来"的气派。

因为区位优势，位于古城中心位置的观前街，也成了丝绸铺子和茶馆聚集的商业中心。观前街区的小巷子**北局**和**太监弄**，明代曾是织染局和监造太监驻地，因此得名，保留至今。产业聚集，需要招待客商谈事情，也就有了茶馆。

老苏州人谈生意，不习惯谈判桌上干讲，茶馆中喝杯茶，对坐而谈，喝着茶吃着点心听着小曲，生意成了皆大欢喜，谈不成也不失为一种消遣。生意之外，苏州茶馆也是"有闲阶级"消磨时间的好去处，围绕茶馆，评弹、苏式点心、苏式蜜饯、苏帮菜聚集一处，喝茶成为声色口腹都能满足的赏心乐事。

得月楼是观前街上的知名苏帮菜馆子,在经典老电影《满意不满意》中,得月楼更像是老式的苏式茶酒楼,食客在店内可以喝茶、聊天、吃面、设宴。这些影像资料记录下了苏州茶馆业的传统形态。

人员聚集,区位优势,让"观前"一带也成为早期苏州市民"公共活动"的空间。清代的行业商会立碑裁决争议,官府立碑公示重要政令、宣讲教化,都是在观前一带的开阔场地上。甚至近代苏州的西洋传教、青年学生的进步团体宣讲,也是在观前的闹市进行。

玄妙观前,仿佛一方大舞台,行政、经济、信仰、娱乐,你方唱罢我登场。从宗教活动中心,到商业中心,再到休闲中心,是真正的"多位一体",无愧明清至近代的"苏州宇宙中心"称号。

今天，观前街是餐饮和时尚购物聚集的商业街区。曾经香火不断的玄妙观，反倒清净了下来。穿梭的人流，往返在网红小吃间，路边依然有代表曾经老茶馆业的三万昌，代表老茶点业的黄天源，代表美食的松鹤楼、得月楼，代表评弹的光裕书场，代表听戏演出的大光明、光明戏院，代表丝绸业的乾泰祥等老字号，代表近代市民休闲的"小公园"，这些依然繁荣的老商铺和保留下来的老地名，昭示着这里曾经的宫观之盛、织造繁忙。

观前人最多的时候永远是傍晚，如果能静下心来在斜阳夕照中走走停停，在快节奏的嘈杂之外，你能听见这片街区的故事，见证昔日宇宙中心的余晖。

双塔街区：感受一种日常

双塔街区，以一横的"定慧寺巷"和一纵的"观太尉河"展开。巷、河交会处是双塔市集，周边分布着传统民居，构成了有城、有河、有古建、有故事的独特人文社区。

双塔街区的"出圈"，很大程度上源自 2019 年东方卫视《梦想改造家》团队将原本的菜市场设计改造为**双塔市集**。新的双塔市集有了整洁的外观、设计感十足的标志和统一的视觉设计。菜场功能方面，在满足老街坊买菜需求的基础上，改造出小吃档口、咖啡、文创手作，留住了"老苏州"，引来了观光客，成为苏州老旧菜市场改造的标杆作品。

围绕双塔市集，街巷外围又集聚选书师打造的新型书店"九分之一"和咖啡、小吃店，既保留了热腾腾的烟火气，又为老城增添了年轻力。

从凤凰街拐入定慧寺巷,巷子口的 苏州旅游咨询中心,常年为游客提供旅游咨询服务,最近也开辟了文创咖啡和文艺展览功能。值得一提的是,店内的三楼可以从空中平行视角,侧面拍摄双塔,是绝佳的摄影机位。

巷子中部的 定慧寺,占地面积不大但极为清雅,佛前多供鲜花,院内清香不断。除了它的寺庙属性,定慧寺更为人熟知的是春天缀满枝头的白玉兰和秋天满院金黄的古银杏,是苏州最有"禅房花木深"意境的所在。

吴作人艺术馆,展示中央美院原院长吴作人先生的艺术作品。有着徽派建筑的立面和苏式庭院,庭院设计借景罗汉院双塔,可以说是融合了吴作人祖籍所在地安徽与出生地苏州的建筑风格。

罗汉院双塔，古城地标建筑"之二"的宋代古塔，以二塔近乎一模一样和大型塔刹为特色。

这里还有一家纳口小吃店，以西双版纳风格的米线凉皮闻名，小店容量不超过十人，却吸引着食客们远道而来。

从双塔市集开始，双塔街区一直在尝试老街新生的街坊焕新计划。通过不断与新锐设计师团队、西交利物浦大学设计学院团队合作，越来越多的"新创意"被引入传统的街巷，日常生活、设计感、艺术生活、传统水乡、城市老街坊、游客灵感，在双塔街区聚合。

吴作人艺术馆庭院

从平江路、山塘街原汁原味的水乡街巷味道，到观前街城市中心的新旧商业气息，再到双塔的街巷新生……我们仿佛看见了苏州街巷发展的缩影，听见百种故事，发现百样业态，感受百种生活方式。

下一站，苏州味道

在苏州，不时不食

"佳品尽为吴地有，一年四季卖时新。"

（刘振摄）

每个苏州人的头脑中，都有一张无形的时令美食表。随着季节的流转，如同钟表一样，嘀嗒一声，就切换了新的时令菜单。食材不见得多珍贵，烹饪不见得多烦琐，但就是把握住了时间的密码，把当季的那一口"鲜"发挥到了极致。

如果厌倦了冷冻解冻的预制菜和超市里四季如一的超级水果蔬菜，就来苏州换换口味吧，品尝一年四季不同的味道，用"新鲜"激活城市中迟钝的味蕾。

春季

各地春季的美食,以各种蔬菜的嫩芽为主,苏州也不例外。苏州人春天要吃"七头一脑",苜蓿头、荠菜头、马兰头、香椿头、枸杞头、豌豆头、小蒜头、菊花脑,鲜嫩的绿,咬一口春。苏州春季的糕团,也是青绿的,土地里萌动的青青麦芽,化作了糯叽叽的青团和墨绿色的麦芽塌饼。春天的饮品,也是青绿的,明前的碧螺春,只有尖尖的芽片,苏州人甚至不舍得用热水冲泡,要冷水慢慢浸润出它的味道。与各地不同的是,苏州的春天美食,还有一抹鲜红,红曲调色的酱汁肉甜腻多汁,这万绿丛中一点红,如春花红艳,迎接春回大地。

夏季

夏季炎热,往往食欲不振。苏州的夏季美食,在"吊足胃口"上下了功夫。东西山的枇杷和杨梅,是清甜和酸甜的开胃水果。炒肉团子,用笋、木耳、虾仁、肉丁搭配特制的卤汁,调制出"有山有水"的鲜甜,来中和糯米糕团的厚重。五香小肉、白斩鸡、盐水鹅和醋货,则分别用调味和"冷吃"的烹调,提振夏日的胃口。夏季苏州人依然要吃面,只不过除了热汤的奥灶面,还会有给面条"物理降温"的风扇凉面,以及用酒酿调出"清爽"味道的枫镇大肉面。当然,如果这些都不能提振胃口,那就只能拿出薄荷,用苏式绿豆汤带来极致清爽。

秋季

每年秋季，大量水生作物上市，正好用来防秋燥。一碗**鸡头米甜汤**，是大自然馈赠苏州的甜糯甜香，刚出水的**荸荠**和**菱角**，带着清脆的鲜甜，再配上一点"苏式薯片"**慈姑片**，就是一顿丰盛的下午茶。"八月桂花遍地开"，应季的桂花也进入苏州人的食单，加入甜汤和糕点中调味，还可做成又香又糯的**桂花糖炒栗子**。"秋风起，蟹脚痒"，仲秋前后，**阳澄湖大闸蟹**密集上市，是秋季饮食的"重头戏"。**苏式鲜肉月饼**，也在此时大量上市。

冬季

冬季，膏满黄肥的大闸蟹仍在上市，11月前后，正是**公蟹**的最佳赏味期。很多人以为大闸蟹最佳是母蟹，其实冬季的公蟹蟹膏也是独特的肥美。随着天气转凉，羊肉开始回归苏州人的餐桌，三五好友围坐一桌来一锅**藏书羊肉**，或是独自来一份**太仓双凤羊肉面**，都可以短暂对抗漫长的湿冷严寒。冬至前后，秋天桂满陇上时酿下的**冬酿酒**，也将开坛，米酒的鲜甜和桂花的浓香，在小酒中寄托着苏州人"冬至大如年"的丰足冬季希望。等到年关将至，**酱方**、**猪油年糕**、**苏式暖锅**和**熏鱼**，则是过年必吃的"苏式年货"，过个肥年，又是一岁。

苏帮菜

苏帮菜，即苏州本帮菜（也作"本邦菜"），属于苏锡菜系的一个分支。用料上乘，鲜甜可口，讲究火候，浓油赤酱，属于"南甜"风味。

苏帮菜不仅选料严谨，制作精细，而且贯彻了苏州"不时不食"的理念，因材施艺，四季有别。烹调技艺以炖、焖、煨著称，重视调汤，保持原汁原味。为人熟知的特色菜肴有清蒸大闸蟹、清炒河虾仁、松鼠鳜鱼、响油鳝糊、姑苏卤鸭、蟹粉豆腐、腌笃鲜等。

清炒河虾仁 采用南太湖淡水嫩河虾，配苏州特产碧螺春茶叶，清熘而成。茶香清醇，虾仁鲜滑，令人回味无穷。传统的苏帮菜宴席上，虾仁通常作为第一道热菜上桌，因为苏州话中"虾仁"谐音"欢迎"，代表了满满的迎客诚意。

松鼠鳜鱼

松鼠鳜鱼　采用有太湖石斑之称的太湖鳜鱼加以精细刀功刻花而成，形似松鼠，经油炸、淋汁后吱吱有声。松鼠鳜鱼酸甜鲜嫩，点缀上青豆和虾仁，可谓色香味俱全。这道菜据传说是道光皇帝御笔赐名，是苏帮菜中最为著名的佳肴上品。

响油鳝糊　采用新鲜鳝鱼制作，因鳝糊上桌后盘中油还在噼啪作响而得名。颜色偏深红，油润而不腻，新鲜可口。

鲃肺汤　鲃肺汤即鱼肝汤，一般选择新鲜鲃的肝、肉、皮进行腌制，和鸡汤一起烹饪，同时加入火腿片、笋片、香菇片、豌豆苗等，制成的鲃肺汤鱼肝肥嫩，浮于汤面，鱼肉细腻，汤清味美。

正宗的苏帮菜馆子，老字号有松鹤楼、得月楼、吴门人家、小园楼等，新派则有位列黑珍珠榜单的江南雅厨。

松鹤楼　清乾隆二十二年（1757）由徐氏在苏州玄妙观前创建，经营面点兼卖饭菜。松鹤楼迄今已有260多年的历史。由于古人以松鹤寓长寿，故取名松鹤楼。

得月楼　1982年移址观前街区太监弄，建筑古朴典雅，粉墙黛瓦、飞檐翘角，楼内装饰落地罩、漏窗、博古架等，一步一景、疏中有密，置身其中可领略苏州古典园林风貌。

石家饭店　位于穹灵路1号，是以鲃肺汤闻名的200多年老字号。

江南雅厨（李公堤店）　位于李公堤3期16号楼，入选黑珍珠餐厅，是新梅华的高端苏帮菜餐饮品牌。装饰风格古色古香，食材用料上乘，迎合苏州"双面绣"的城市形象，表达新派苏帮菜的特色。

苏式面

苏州人的早晨,从一碗热乎乎的**苏式汤面**开始。

苏式面,汤底是灵魂。**红汤**浓郁,色泽鲜亮,却不是用辣椒来调色,而是酱油配合高汤显现的成色;**白汤**鲜淳,清而不油,以高汤为底,清爽可口。每家面馆的面汤,都有独一无二的秘方,是各自用大骨、整鸡等食材和秘制调料吊出来的高汤。苏州人讲"吃面要吃汤,听戏要听腔",说的就是要品各家面馆的底汤。而更有追求的食客,甚至对煮面的汤也有要求,要赶一大早来,吃"头汤面",怕煮过多次的面汤变得浑浊,追求最极致的面汤口感。

苏式面,浇头是性格。各式各样的**浇头**,让每一碗苏式面都独一无二。焖肉面的大满足,三虾面、秃黄油面的时鲜,"罗汉面""观音面"等寺庙素浇面的朴实,各有特色。太湖光福镇的"十八浇"更是选择困难者的福音,可以一次尝遍十八种浇头。

西园寺素面

苏式面的另一种个性，在于食客可以从汤的多少、面的烹煮时间等层面，定制自己碗中的味道。久而久之，也就成了吃面时的暗语：

如**"宽汤"**是多加汤，**"紧汤"**与之相反；

"干挑"是干脆不要汤的拌面；

"重青""免青"是多要蒜叶或不要；

"烂糊"和**"断生"**是面的烹煮程度，前者要煮久一些，后者要保留爽脆的口感。

苏州有大大小小数百家面馆，各家都有特色。胥城大厦的奥灶面，会精确控制汤底的咸度和厚度；裕兴记的三虾面和秃黄油面，将高端食材带入苏式面谱系；同得兴的枫镇大肉面，陆长兴的大排面，陆振兴的焖肉面，浇头上各有擅长；美味斋的小宽面，则是面种上有所差别……

不过，如果第一次来苏州，早上找一家坐满本地叔叔阿姨的面店，总是不会出错的。

有人说，苏式面就像一本书，只要常翻一翻，就会常看常新。大概是出于这种考虑吧，苏州经常进行"苏州十碗面""苏式好面"等苏式面评选，把有特色的苏州面馆推向市场。2022年的"苏式好面"评选，选出新的十个"苏式好面"奖和最佳面条、最佳面汤、最佳面浇头、最佳出品等单项奖，为食客们提供了"常新"的灵感。

"苏式好面"奖	
面品	面馆
三虾面	裕面堂
蟹粉虾仁面	阳澄喜柯大酒店
红汤焖肉面	苏虞斋
素肉奥灶面	太湖高尔夫酒店
宴杨焖肉面	宴杨楼
花园九宫格奥灶面	苏州新城花园酒店
枫镇大肉面	同得兴
卤鸭面	松鹤面馆
姑苏烧鹅面	环秀晓筑养生度假村
红糖青鱼划水面	江南雅厨
"苏式好面"单项奖	
最佳面条——枫镇大肉面	苏面斋
最佳面汤——胥城奥灶面套餐	胥城大厦·苏香阁
最佳面浇头——严府酱鸭面	吴江震泽老严卤菜馆
最佳出品——匠心猪肝面	姑苏桥·文人苏式面馆
"苏式好面"人气口碑奖	
苏味爆鱼面	苏味兴
特色焖肉面	聚福兴
苏氏虾仁红汤面	苏州万怡酒店MoMo面馆
回锅老汤面之三鲜面	雕花楼食府
花山菩萨面	花山隐居·素养山房
金科人肉面	苏州高铁金科大酒店
面若桃花生炒鳝片套餐	晨星斋面馆（苏州希尔顿店）
金煦鱼汤面	苏州皇家金煦酒店
菌菇虾爆鳝（红汤面＆干挑）	苏州东山宾馆
红汤焖肉面	苏州金陵南林饭店
澹香母油鸭汤面	苏州澹台湖大酒店
蟹粉虾仁面	面外公
九浇烩面	老横泾面馆
白切羊肉面	常熟市支塘镇老王羊庄
招牌大三鲜面	苏州华侨饭店（苏蕈记）

（评选结果2023年1月发布）

苏式点心

苏式点心的"肉"感

苏式小吃很擅长调制猪肉糜的"鲜",汤汁饱满、略带甜味的鲜肉馅料,包进面皮是紧酵馒头,放进汤圆是鲜肉汤团,还有生煎、汤包、鲜肉月饼、油氽团子等不同的"鲜肉"小吃形态,满足肉食者的口腹欢愉。

> 推荐:东脚门紧酵馒头、朱新年鲜肉汤团、荣阳楼油氽团子等

苏式点心的"糯"感

苏州被食客调侃为"糯叽叽天堂",青团、炒肉团子、双酿团、松花团子、梅花糕、海棠糕……一口软糯,齿颊留香。

> 推荐:万福兴糕团、黄天源糕团、明月楼糕团等

苏式点心的"酥"感

苏式点心酥酥脆脆的。鲜肉月饼,一口咬开,层层掉渣;老火炉烤的"苏式脆皮面包"老虎脚爪,外酥里嫩;蟹壳黄,类似酥皮烧饼,芝麻撒在酥皮上,喷香。

> 推荐:长发西饼、大儒巷蟹壳黄、横街市集

美食街区

美食作家陆文夫先生曾经说过,"饮食是一种文化,它一定和当地的风土民情密不可分",要品尝当地最生活化的美食,一定要到本地人生活的街巷中去寻找。

葑门横街街景

葑门横街 被誉为最具烟火气的苏州街巷。是老苏州人和游客最爱的老式菜场。这里不仅有四时鲜蔬,还有种种经典小吃。沿街漫步,方言吆喝声声入耳,生活的魅力,格外动人。

门店	地址	特色
黄富兴糕团	葑门横街 97 号	猪油糕、条头糕
周妈妈香粽店	葑门横街 105 号	肉粽
张记大饼店	葑门横街 111 号	大饼、油条、老虎脚爪
老摊头爆鱼	葑门横街 113 号	爆鱼
赵天禄	葑门横街 160 号	油氽团子

山塘街 除了名声在外的荣阳楼油氽团子和马栋佩烧卖,在新民桥菜市场、海市山塘内,还有更多选择。

门店	地址	特色
江南蟹壳黄	广济路新民桥菜市场内	芝麻糖蟹壳黄、萝卜丝蟹壳黄
丹凤楼食府	广济路新民桥菜市场内	小笼、汤包、泡泡馄饨
阿二烤鸡	山塘街 324 号	烤鸡
海市山塘	山塘街 45 号	创意小吃

凤凰街、十全街 凤凰街北接观前、平江街区，南靠南门、竹辉商圈，串联定慧寺、网师园等景点，与临近的十全街共同构成了苏州著名的美食街区。两条街相传都因康乾南巡而得名，这里传统苏式味道和新派网红餐饮共生，甜品、咖啡和酒吧集聚，无论是寻找地道苏味的饕客，还是寻求新鲜的潮人，都能在这里找到心仪的味道。

十全街街景

门店	地址	特色
同得兴精品面馆	十全街624号	枫镇大肉面、三虾面
廿一馄饨担	十全街998号	老担馄饨
笃笃笃糖粥	十全街548号	糖粥、桂花豆沙圆子
祥鑫饮食店	十全街783号	卤鸡爪、冰镇绿豆汤
黎里高记辣脚	十全街773号	黎里辣鸡脚、黎里套肠
五卅酒家	十全街418号	酱油虾、水煮腰花
洋洋中餐馆	十全街420号	新派苏帮菜
小象鼻头餐厅	平桥直街2、4号	创意菜
贰叁楼	十全街785号	西班牙蒜虾、无花果仲夏酸奶
康心饮食店	十全街972号	苏式绿豆汤、炸猪排
尚食·卢记烧饼	十全街966号	香酥鸡烧饼、臭豆腐
红楼果汁铺	十全街698号	创意果汁饮品
解药	十全街726-1号	解药咖啡、鸡尾酒
东官上点	凤凰街265号	纸皮烧卖、东官龙粽
海燕家人灌蛋饼	凤凰街306号	油条里脊灌饼
王记姚家味	凤凰街262号	苏帮菜
焙家·国潮中式糕点	凤凰街265号	爆浆麻薯
近水台	凤凰街118号	炒肉团子
聚笼鲜	凤凰街167号	无锡小笼包、净素小笼包

下一站，寻艺逛展

苏州有110家博物馆，是名副其实的"百馆之城"。经过多年的努力，苏州逐步建成了"以苏州博物馆为龙头、国有博物馆为主体、专题博物馆为特色、非国有博物馆为补充，类型多样、主题多元的博物馆发展体系"。来苏州，逛博物馆、看展，已经从小众爱好变成了大众风尚。

博物苏州，惊喜不止苏博。

苏城热点博物馆

吴文化博物馆

位于世界文化遗产大运河及国保单位宝带桥南侧。其基本陈列"考古探吴中""风雅颂吴中"，展示严山玉器窖藏、朱碧山银槎杯、影青象形烛台等珍贵文物，从学术角度对"吴文化"及"吴地文化"进行相对全面的解读，获得第十八届（2020年度）全国博物馆十大陈列展览精品奖。临展厅重点打造吴地文化、江南文化特色展和其他国内外精品展。

吴文化博物馆以"文化综合体"为定位，建设集展览、教育、文化体验、文化消费于一体的综合性公共学习与交流空间。

苏州碑刻博物馆

位于苏州市府学文庙内,是一座收藏、研究、陈列和复制古代碑刻的专题类博物馆。最著名的展厅当属"四大宋碑"陈列,《天文图》《地理图》《帝王绍运图》《平江图》,集齐天、地、人、城。"明清工商经济碑刻"陈列展现明清时期苏州的经济民生百态。

苏州御窑金砖博物馆

位于苏州市相城区,是中国首家以展示"御窑金砖"为主题的博物馆。整体建筑由建筑大师刘家琨主持设计,颠覆了小桥流水、粉墙黛瓦的苏式建筑风格,将北方的粗狂野趣与南方的精雕细琢巧妙结合,与进贡北京的金砖窑址相互呼应,营造出一种相互融合的文化感和艺术感。馆内展示的金砖,时间跨度从明永乐年间到清宣统年间。

近年人气走高的博物馆还有江南人文主题馆藏文物丰富的常熟博物馆、以"莫比乌斯环"设计串联古今的苏州湾博物馆,以及苏州丝绸博物馆(P76)、苏州戏曲博物馆(P71)等,等你来探寻小众历史。

苏城热点美术馆

苏州美术馆

由颜文樑先生于1927年创建,素有"中国美术史上第一馆"之称。馆址位于人民路报恩寺塔北侧,与苏州丝绸博物馆、昆剧传习所、苏州名人馆等文艺设施形成集群。秉承研究梳理传承颜文樑先生文脉之宗旨,苏州美术馆常推出江南文化主题、名家名作主题和青年创意主题等原创展览。

本色美术馆

位于运河畔,依水而建,以"21世纪的东方美学"作为主要传播方向,展览内容包括绘画、雕塑、装置、行为艺术、摄影、录像、建筑、设计、音乐等方面。本色美术馆周末例行推出"本色东西桥市集",被誉为苏州古风文艺市集的"天花板"。

近年来,苏州艺术展览蔚然成风。沧浪亭畔的苏州美术专科学校旧址——颜文樑纪念馆,民国建筑与艺术交相辉映;金鸡湖畔的诚品生活苏州、金鸡湖美术馆、虹·美术馆、明·美术馆、尹山湖美术馆等,都是长期举办原创艺术展的新兴展馆。

尹山湖美术馆

在有形的艺术展馆之外，苏州正在显现"艺术之城"的无边界艺术感，古城、园林、街巷等地都经常举办跨界艺术展览。如沧浪亭·可园，便定期举办现代艺术展览，而一年一度的"苏州国际设计周"期间，更是全城都会形成特色展览，是苏州文艺圈每年期待的秋季艺术盛宴。

序号	博物馆名称	详细地址
1	苏州博物馆	姑苏区东北街204号
2	苏州民俗博物馆	姑苏区潘儒巷32号
3	过云楼陈列馆	姑苏区干将西路2号
4	苏州碑刻博物馆	姑苏区人民路613号
5	中国昆曲博物馆	姑苏区中张家巷14号
6	中国苏州评弹博物馆	姑苏区中张家巷3号
7	苏州丝绸博物馆	姑苏区人民路2001号
8	苏州刺绣博物馆	姑苏区景德路274号
9	苏州园林博物馆	姑苏区东北街202号
10	苏州革命博物馆	姑苏区三香路1216号
11	苏州市初心馆	姑苏区三香路1216号
12	苏州中医药博物馆	姑苏区景德路330号

苏州全市博物馆名单

序号	博物馆名称	详细地址
13	苏州工艺美术博物馆	姑苏区西北街88号
14	苏州城墙博物馆	姑苏区相门城墙文化休闲景区
15	苏州状元博物馆	姑苏区临顿路钮家巷3号
16	苏州南社纪念馆	姑苏区山塘街800号
17	苏州生肖邮票博物馆	姑苏区山塘街东杨安浜2号
18	苏州美术馆	姑苏区人民路2075号
19	颜文樑纪念馆	姑苏区沧浪亭后4号
20	吴作人艺术馆	姑苏区凤凰街定慧寺巷88号
21	杭鸣时粉画艺术馆	姑苏区沧浪新城太湖西路1199号
22	苏州名人馆	姑苏区人民路2075号
23	苏州古代石刻艺术博物馆	姑苏区定慧寺巷22-1号
24	苏州大运河遗产展示馆	姑苏区阊胥路32号
25	泰伯庙陈列馆	姑苏区阊门内下塘街252号
26	吴门书道馆	姑苏区阊门内下塘街256号
27	苏州大学博物馆	姑苏区苏州大学15号
28	苏州警察博物馆暨禁毒展示馆	姑苏区西善长巷3号
29	唐寅文化展示馆（唐寅园）	姑苏区解放西路146号
30	苏州教育博物馆	姑苏区醋库巷44号柴园内
31	苏州漕运展示馆	姑苏区枫桥风景名胜区内
32	苏州体育博物馆	姑苏区运河体育公园
33	苏州城建博物馆	姑苏区平江路卫道观前3号
34	张家港博物馆	张家港市杨舍镇暨阳西路2号
35	张家港市美术馆	张家港市东苑路308号
36	常熟博物馆	常熟市北门大街1号
37	翁同龢纪念馆	常熟市翁家巷门2号
38	常熟美术馆	常熟市西门大街117号
39	常熟市江南农家民俗馆	常熟市支塘镇蒋巷村
40	沙家浜革命历史纪念馆	常熟市沙家浜镇芦苇荡路188号
41	虞山派古琴艺术馆	常熟市南赵弄10号
42	言子纪念馆	常熟市东言子巷17号
43	常熟市碑刻博物馆	苏州市常熟市塔弄2号
44	铁琴铜剑楼纪念馆	常熟市古里镇铜剑北街1号
45	梅李历史文化博物馆	常熟市梅李镇梅东路63号

序号	博物馆名称	详细地址
46	王淦昌故居	常熟市支塘镇南街44号
47	庞薰琹美术馆	常熟市元和路98号
48	顾炎武故居	昆山市千灯镇蒋泾河东侧
49	千灯镇千灯馆	昆山市千灯镇南市街中段
50	周庄博物馆	昆山市周庄镇后港街38号
51	锦溪古砖瓦博物馆	昆山市锦溪镇下塘街24号
52	昆仑堂美术馆	昆山市前进中路109号三楼
53	昆山昆曲博物馆	昆山市马鞍山路东1号亭林园内
54	昆曲文化中心展示馆	昆山市前进中路321号C栋
55	顾炎武纪念馆	昆山市马鞍山路东1号亭林园内
56	太仓博物馆	太仓市上海东路100号
57	宋文治艺术馆	太仓市县府东街6号
58	太仓名人馆	太仓市太平南路38号
59	郑和纪念馆	太仓市浮桥镇南环路1号
60	太仓市吴晓邦舞蹈艺术馆	沙溪古镇
61	朱屺瞻纪念馆	太仓市浏河镇浏河公园内
62	维新遗址陈列馆	太仓市双凤镇瓯江路8号
63	顺宝斋钟表博物馆	太仓市南门街21-1号
64	沙溪文史馆	太仓市沙溪镇中市街62号
65	太仓第一党支部纪念馆	太仓市璜泾镇杨漕村十五组7号
66	太仓美术馆（太仓书画院）	太仓市城厢镇东昌南路102号
67	吴江博物馆	吴江区松陵镇笠泽路450号
68	柳亚子纪念馆	吴江区黎里镇中心街30号
69	江悦古代木雕造像艺术博物馆	吴江区菀坪迎丰街5号
70	陈去病故居	吴江区三元街15号
71	六悦博物馆	吴江区黎里镇人民东路1号
72	锡器博物馆	吴江区黎里镇中心街42号
73	吴江蚕丝文化展示馆	吴江区頔塘路3077号
74	吴根越角中医药博物馆	吴江区松陵镇中山北路113号
75	苏州湾博物馆	吴江区东太湖大道12000号
76	苏州吴文化博物馆	吴中区澹台街9号
77	陆巷社区博物馆	吴中区东山镇陆巷古村内
78	苏州江南茶文化博物馆	吴中区东山镇碧螺村西坞158号

序号	博物馆名称	详细地址
79	苏州非物质文化遗产馆	吴中区临湖镇临湖路 1099 号
80	苏州创想机器人科技馆	吴中区友翔路 18 号
81	西山地质博物馆	吴中区金庭镇堂里村缥缈峰景区内
82	谢杏生戏曲服饰博物馆	吴中区金庭镇堂里古村
83	苏州太湖水石艺术馆	吴中区临湖镇临湖路太湖园博园
84	孙子兵法博物馆	吴中区穹窿山风景区孙武文化园
85	苏州巧生炉博物馆	相城区元和文化创意园 B 幢一层
86	苏州御窑金砖博物馆	相城区阳澄湖西路 95 号
87	冯梦龙纪念馆	相城区黄埭镇冯梦龙村冯埂上
88	中共苏州市县（工）委联络站——江抗办事处陈列馆	相城区阳澄湖镇消泾村老街 26 号
89	望亭地志博物馆	相城区望亭镇鹤溪路 526 号
90	苏州阳澄湖舟船文化馆	相城区太平街道沈桥村沈聚路
91	黄埭评弹博物馆	相城区裴阳路裴巷新村西南侧
92	江南农耕文化博物馆	相城区园中路 699 号
93	周洪明明式家具博物馆	相城区元启路 263 号
94	苏州苏扇博物馆	姑苏区卫道观前 16 号
95	苏州历史货币博物馆	姑苏区斑竹巷 7-1 号
96	苏州砖雕博物馆	姑苏区学士街肃封里 2-1 号
97	苏州古丰阁门窗家具民艺博物馆	姑苏区江乾路 645 号
98	苏州无言斋民俗博物馆	姑苏区梅花新村 44 幢 2 层
99	苏州苏帮菜餐饮文化博物馆	姑苏区带城桥路 99 号
100	苏州红蚂蚁家居文化博物馆	姑苏区娄门路 246 号
101	苏州商会博物馆	姑苏区山塘街 192 号
102	和合美术馆	姑苏区枫桥大街 96 号
103	和合博物馆	姑苏区桐泾北路 380 号
104	西马博物馆	工业园区港田路 360 号
105	苏州基金博物馆	工业园区李公堤三期 2 栋 101
106	西交利物浦大学博物馆	工业园区仁爱路 111 号
107	金鸡湖美术馆	工业园区观枫街 1 号
108	苏州东吴博物馆	高新区鸿禧路 20 号
109	中国刺绣艺术馆	高新区镇湖街道绣馆街 1 号
110	苏州酒文化博物馆	高新区枫桥向街 6 号

下一站，刷保。

苏州有 61 处全国重点文物保护单位，128 处省级、695 处市级文物保护单位。随着文博热持续"破圈"，来苏寻古、"刷保"越来越受到游客青睐。园林之外，我们选取苏州代表性的桥、塔、古建筑、造像、城墙五个门类，来简单导赏苏州文保。

苏州的桥

桥，是江南不可或缺的交通设施，历来有"无桥不成市，无桥不成村，无桥不成镇"的说法。桥，也是江南无法割舍的意象情结，协调天然风景与建筑群落，如诗如画，触人心弦。

灭渡桥（元至清　省保－第五批）

苏州现存历史最久远的桥梁建筑，是吴中区的**宝带桥**（始建于唐，明清重建　国保－第五批），它也是国内最长的连拱石桥。其他位列全国重点文物保护单位的桥梁建筑有吴江同里镇**思本桥**（宋　第七批）、七都镇**东庙桥**（宋　第七批）、**垂虹断桥**（元、明　第八批）和太仓的**至和塘石拱桥**（元　第六批）。

该如何欣赏一座桥？可以从几个维度展开。

桥的材质　有石桥、木桥、木石混合等，材质不同，风韵不同。苏州古桥大多为石桥，木桥中以木渎廊桥较有代表性。

桥的形制　分为单桥或双桥，拱桥或平桥，航道桥或纤夫桥，单孔桥或多孔桥。

【左上】宝带桥（唐　国保－第五批）
【右上】木渎廊桥（清　市保－第八批）
【左下】吴门桥，苏州现存最高的拱桥（清　省保－第六批）
【右下】山塘街普济桥，三拱石桥（清　省保－第八批）

桥的"节奏"　桥的曲折程度、坡的缓急程度和踏跺的节奏，决定了不同的视觉效果，也决定了行走其上的韵律。如平江路和古镇密集水网中的步行桥，在狭小水面上架起拱桥或八字桥，拉长了步行的路径；园林中的小桥，增强游园的趣味。行人缓步行走其上，感受不同"节奏"。

用直古镇永安桥

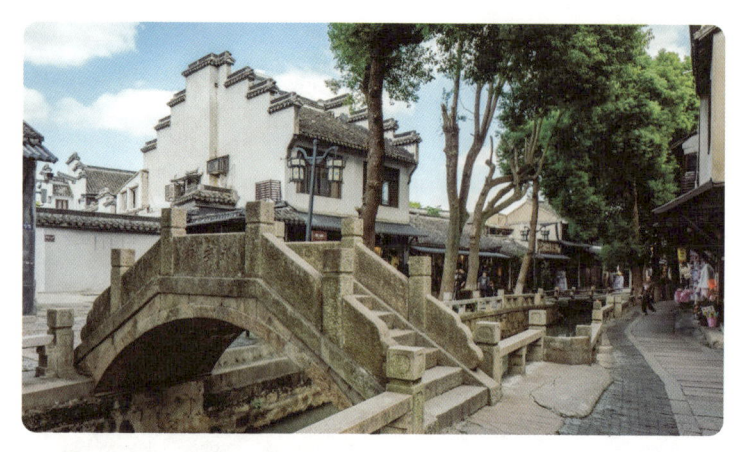

网师园引静桥，又称三步桥（清　国保－第二批）

桥的组合　江南水乡，水网纵横。复杂水系上的桥，在设计上往往注重形制的变换和视角的组合，营造出水面上桥桥相望、相互借景的美感。

桥的附属建筑　重要航道和重要建筑旁边的桥，有时在桥体之外还有石狮、牌坊、石碑、经幢等建筑。如宝带桥南堍有石狮子，旧曾有宋代经幢。著名的"山塘七狸"（P120）也是桥梁附属建筑。

宝带桥石狮（明）

桥的装饰　桥上的栏板、柱头、石梁边和拱券的龙门石面，都可以做雕刻装饰，时而云纹，时而莲花纹、牡丹纹。

桥的文学　桥的命名多取自吉利寓意，楹联诗多如意精巧，如意桥、万年桥、富贵桥等。苏州的桥，不少还蕴含着"美丽与哀愁"的典故，如《枫桥夜泊》记录下了钟声里的愁绪。这些都超越了建筑本身，构成了桥梁艺术的诗性空间。

寒山寺枫桥

桥的风俗　吴人有元宵节"走三桥"的习俗，《清嘉录》记载："元夕，妇女相率宵行，以却疾病，必历三桥而止。"良辰吉日拾级而上，缓步登三桥，祈福健康顺遂。

149

苏州的塔

塔是佛教传入中国后发展出的特有建筑，起于信仰，逐渐世俗化、景观化。在漫长的岁月里，各式各样的塔点缀在城市、山林、旷野、水乡中，凝结着一代代人的审美和情感。

报恩寺塔（宋至清　国保-第六批）

苏州的城市与塔，共存共生。**报恩寺塔**，是古城建筑限高的基准点，是城市天际线的最高点；**云岩寺塔**（俗称虎丘塔，五代　国保-第一批），是苏州自古以来最著名的地标建筑，到苏州，不游虎丘乃憾事也；**瑞光塔**，屹立于盘门内，是从水陆盘门进入古城的第一个标志景观。

瑞光塔（北宋至清　国保-第三批）

苏州博物馆与苏州的塔，更是渊源深厚。苏州博物馆本馆"最美的展厅"——吴塔国宝，重点陈列的便是云岩寺塔出土的秘色瓷莲花碗和瑞光塔出土的真珠舍利宝幢。为了烘托庄严的氛围，两个展室采用了八角形仿佛塔内部的空间设计，八角形展室也成为苏博"苏而新"的美学元素之一，一直沿用到西馆的室内设计中。

罗汉院双塔及正殿遗址

除了以上三座古塔，苏州位列全国重点文物保护单位的古塔还有：定慧寺巷的**罗汉院双塔**（北宋　第四批），虎丘区镇湖的**万佛石塔**（元　第七批），吴江震泽镇的**慈云寺塔**（明　第七批），常熟**聚沙塔**（宋　第七批），常熟**崇教兴福寺塔**（南宋　第七批），昆山千灯镇**秦峰塔**（明　第七批）。

欣赏一座古塔，可以从塔的建筑形制、塔的装饰细节，以及塔与周边景物的关系等方面入手。

塔的建筑形制

陈从周曾说："江南的楼阁式木檐砖塔，充满着建筑美。久居江南的人看来固然依依可爱，初到江南的人看来，更感到清新玲珑，柔和宜人。它点出了明洁秀阔的江南景色。"阁楼式木檐砖塔，是苏州最常见的佛塔形制，在塔的外部融合了木作艺术。

如报恩寺塔一层，采用附阶周匝的做法，在建筑主体之外另做一圈木结构，突出了宗教建筑的神圣空间感。木檐多采用起翘的做法，檐角坠铃铛，给人"廊腰缦回，檐牙高啄"的观感。

常熟崇教兴福寺塔为九级四面木檐楼阁式砖塔，四边形的设计更显线条柔秀。崇教兴福寺塔的起翘介于宋代《营造法式》与清代《营造法原》之间，提供了从起翘平缓逐步发展为起翘高耸的过渡时期实例。

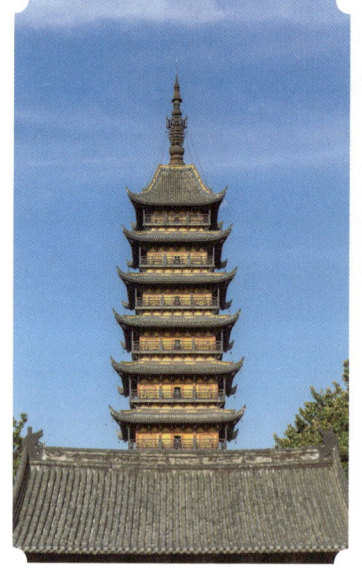

【左】报恩寺塔外檐
【右】常熟崇教兴福寺塔

塔的装饰细节

云岩寺塔和甲辰巷砖塔,都用砖石模拟木构建筑作为装饰。近年来虎丘可预约进入塔内第一层参观,可以更清晰地看到斗拱结构和牡丹纹饰等彩绘。

【左】甲辰巷砖塔
【右】云岩寺塔内部彩绘

塔与周边景物的关系

在传统江南景观设计中,塔早已不单单是佛教建筑,更多作为景观标志在吴门画派山水作品、南巡胜景图和世俗风光画作中出现。古塔,常常被周边景物设计时借景,提供了更多赏塔的角度。

虎丘山下的塔影园、罗汉院双塔畔的吴作人艺术馆、报恩寺塔与拙政园,都是塔融入城市景观与肌理的例证。

因此欣赏江南的塔,应在更大的视域内考量它的景观设计和呈现效果。游人拍摄时,也可离塔稍远些,在街巷、园林、山景中拍摄古塔。

苏州的古建筑

除标志性的园林、塔、桥外，受限于气候潮湿等因素，苏州保留下来的殿堂类木构建筑数量不及北方，存世之作多集中在明清时期，少量为宋代遗作。

著名的有代表宋代建筑风格的**玄妙观三清殿**，代表元代风格的**吴中区轩辕宫正殿**（元 国保－第六批），代表明代风格的**开元寺无梁殿、东山民居**（明 国保－第六批），代表清代风格的**全晋会馆**（清 国保－第六批）等。

开元寺无梁殿，原为藏经阁，万历四十六年（1618）建造，是苏州少见的砖石结构七开间宏伟建筑。现在东大街小区内，需咨询预约进入。

玄妙观三清殿（南宋 国保－第二批）

开元寺无梁殿（明 国保－第七批）

苏州的造像

说起彩塑罗汉造像，常言道"天下罗汉两堂半"，其中一堂在山东济南灵岩寺，苏州**东山紫金庵罗汉塑像**（宋至明　国保 - 第六批）是一堂，苏州**甪直保圣寺罗汉塑像**（唐宋　国保 - 第一批）半堂，苏州独得一堂半。

其中紫金庵的塑像，多数为南宋民间雕塑高手雷潮夫妇所塑，神情各异、服饰层次分明，部分为明代修复、增补。建庙造像是极为耗费人力物力的工程，紫金庵高水平的造像，体现出太湖东山地区宋代的经济文化已经相当繁荣。

紫金庵彩塑

甪直保圣寺塑像，虽只有半堂，但最早出自唐代"塑圣"杨惠之的手笔，历代文人学者都给予过关注，1961年便列为第一批全国重点文物保护单位。

保圣寺

寺内有元代书法家赵孟頫题联"梵宫敕建梁朝推甫里禅林第一，罗汉溯源惠之为江南佛像无双"，近代历史学家顾颉刚曾呼吁抢修，蔡元培曾亲临调查。建筑史家梁思成形容："此种名手真迹，千二百年尚得保存，研究美术史者得不惊喜哉！此像于崇祯间曾经修补，然其原作之美，尚得保存典型，实我国美术造物中最可贵者也。"

路线延伸——寻宋之旅

甪直保圣寺 ➡ 斜塘土地庙（宋　省保-第五批）➡ 报恩寺塔 ➡ 玄妙观 ➡ 甲辰巷砖塔 ➡ 东山紫金庵

苏州的城墙

苏州城墙的历史，可以追溯到春秋时期，伍子胥奉吴王阖闾之命，"相土尝水，象天法地"，建造阖闾大城，并设八座水陆城门。历史学家顾颉刚曾说："苏州城之古为全国第一，尚是春秋物。"

从此，八座城门融入了苏州人的日常生活。金阊门、银胥门、冷水盘门，见证了城门附近商业的兴衰，平门的火车站、盘门的水陆并行，则是现代的景观记忆。

平门与苏州火车站

今天人们看到的苏州城墙，除了盘门（元 国保－第六批）是元代遗存外，大部分墙体为明清时期的遗存。

随着全社会文物保护意识的提升，古城墙保护逐渐成为社会共识。1976至1981年，盘门得以加固和修复；1982年，盘门被列为江苏省文物保护单位；1987年，苏州市人民政府颁布并实施《苏州古城墙保护规划》；2006年，盘门被列为全国重点文物保护单位；2017年，《苏州古城墙保护条例》颁布，以地方性法规正式明确了古城墙的保护、利用和管理权责。

水陆盘门

　　苏州的不同城墙段落，可以看到不同的文物遗存。盘门是苏州现存唯一的水陆城门，保留有用于控制巨型城门开合的千斤闸，在盘门景区可以看到水陆城门的运作。胥门和阊门，有用于保卫的瓮城遗址。大部分城墙段落都能看到用于马匹同行的马道、用于射击和瞭望的垛口和高低的女墙。

下一站,非遗之旅

非遗苏作,巧夺天工。

苏州是联合国教科文组织认定的"手工艺与民间艺术之都"。

千年历史浸润出昆曲、宋锦、缂丝、香山帮传统建筑营造技艺、碧螺春制作技艺等七项人类非物质文化遗产。

苏绣、江南丝竹、苏州评弹、玄妙观道教音乐、苏绣、明式家具、御窑金砖、桃花坞木板年画、碧螺春茶、玉雕、牙雕、核雕等领衔的33项国家级非遗项目,精、细、雅、巧,处处透露着江南文人的精致生活,见证由古至今的姑苏繁华。

轧神仙庙会、圣堂庙会、抬猛将庙会和呈现苏式灯彩的灯会,传承着吴地的民俗特色。

昆曲(人类非物质文化遗产代表作-第一批)

"醉里吴音相媚好"声色之旅

昆曲

昆曲,因唱腔婉转,又被称为水磨腔,定型于明嘉靖年间,魏良辅、梁辰鱼改良南曲,以"中州音"(苏州官话)为舞台语言,用昆笛确定唱腔音调,以江南丝竹为主要伴奏。晚明,昆曲进入北京,随即在全国传播,自此成为影响全国戏曲风格的大剧种,被称为"百戏之祖"。

昆曲的代表剧目有汤显祖的"临川四梦"(《牡丹亭》《紫钗记》《邯郸记》《南柯记》),以及《玉簪记》《西厢记》《长生殿》《占花魁》《十五贯》《红楼梦》《桃花扇》等。为适应明清显贵的家班、堂会等演出形式,昆曲多以"折子戏"形式传世,剧情也多聚焦上层社会,以帝王将相、才子佳人故事为主,最为著名的折子便是《游园》《惊梦》。

如今昆曲的传承,大略可分为南昆和北昆两派,北昆以北京为传承中心,南昆则以苏州昆剧院、江苏省昆剧院、上海昆剧院为代表。

来苏州,怎能错过实地感受昆曲的魅力。

剧场演出可关注"江苏省苏州昆剧院"官方微信公众号的演出信息,一般周末、节假日会推出传统昆曲专场,票价通常百元以内,比较亲民。小剧场演出,如山塘昆曲馆每晚的《牡丹亭》选段,票价148元。

实景昆曲演出

剧目	演出场所	演出场次(春—秋季)	票价(元)
《游园惊梦》	昆剧传习所	以官网为准	480—680
《玉簪记》	昆剧传习所	以官网为准	480—680
《游园》鉴赏版	山塘浮生集	以官网为准	336
《浮生六记》	山塘浮生集	以官网为准	396

每年夏秋，昆山市都会举办一年一度"百戏盛典"，届时会邀约全国主要昆剧院团和地方剧种在昆山展演，为夏秋来苏的游客提供了多元选择。

评弹

一句"青砖伴瓦漆，白马踏新泥"，让苏州评弹再次火遍大江南北。其实，评弹不止《声声慢》这样的"小曲"，作为一门综合曲艺表演艺术，评弹是评话和弹词的合称，评话重"说"，弹词重"唱"。

水上双档评弹表演

常见的表演形式，有一人的"单档"，内容多为金戈铁马的历史演义和叱咤风云的侠义豪杰传奇；两人的双档，两人说唱，一人手持三弦，一人怀抱琵琶，自弹自唱，内容多为儿女情长的传奇小说和民间故事。

苏州评弹在清乾隆年间已经颇为流行，乾隆南巡苏州，曾召见艺人王周士唱评弹，这是苏州评弹的第一个高光时刻。20世纪二三十年代，在没有电视连续剧的年代里，长篇评话和弹词，就是留声机里的"连续故事"，火遍了大上海都市圈。

来苏州听评弹的选择很多。如果喜欢茶馆的氛围，在平江路、山塘街的大部分茶馆都有评弹表演，收取茶位费，点曲30—50元一首。如果喜欢小剧场的氛围，可以选择大火的琵琶语评弹和相对小众的知弦社评弹茶馆。另外苏艺演艺文化集聚区的国风剧场也有驻场的评弹演出，演出时间多为周末和节假日的午、晚场。

评弹表演

从热播剧《都挺好》便能看出，评弹在苏州的群众基础相当好，因此苏州评弹团联合很多街道、社区，推出了百余个每天"连载"长篇演出的江南小书场。方便游客打卡的有梅竹书苑（姑苏区石路太平坊30号）、园心书场（姑苏区民治路258号苏州公园内）等，票价20—50元，演出时间多为日间，详情可关注"苏州市评弹团"微信公众号。

庙会、灯会体验

清代吴地地方志中记载，吴地民俗"好巫"、多民间神祇，游神庙会之风盛行。经历数百年的变迁，如今城市中的游神庙会已经较为罕见，但苏州太湖地区的抬猛将、阳澄湖区的圣堂庙会，还保留着"宣卷""出游"等代表仪式。每年中秋、元宵节，苏州多地都会举办灯会，苏式灯彩与现代大型灯组交相辉映，夜晚灯市如昼。

斜塘老街灯会

庙会、灯会名称	时间	地点
抬猛将	正月	胥口镇、树山村
圣堂庙会	农历三月廿八	阳澄湖镇
轧神仙庙会	农历四月十四	南浩街神仙庙
冯梦龙灯会	中秋前后	黄埭镇冯梦龙村
海峡两岸中秋灯会	中秋前后	昆山周庄等
斜塘老街灯会	元宵节前后	斜塘老街

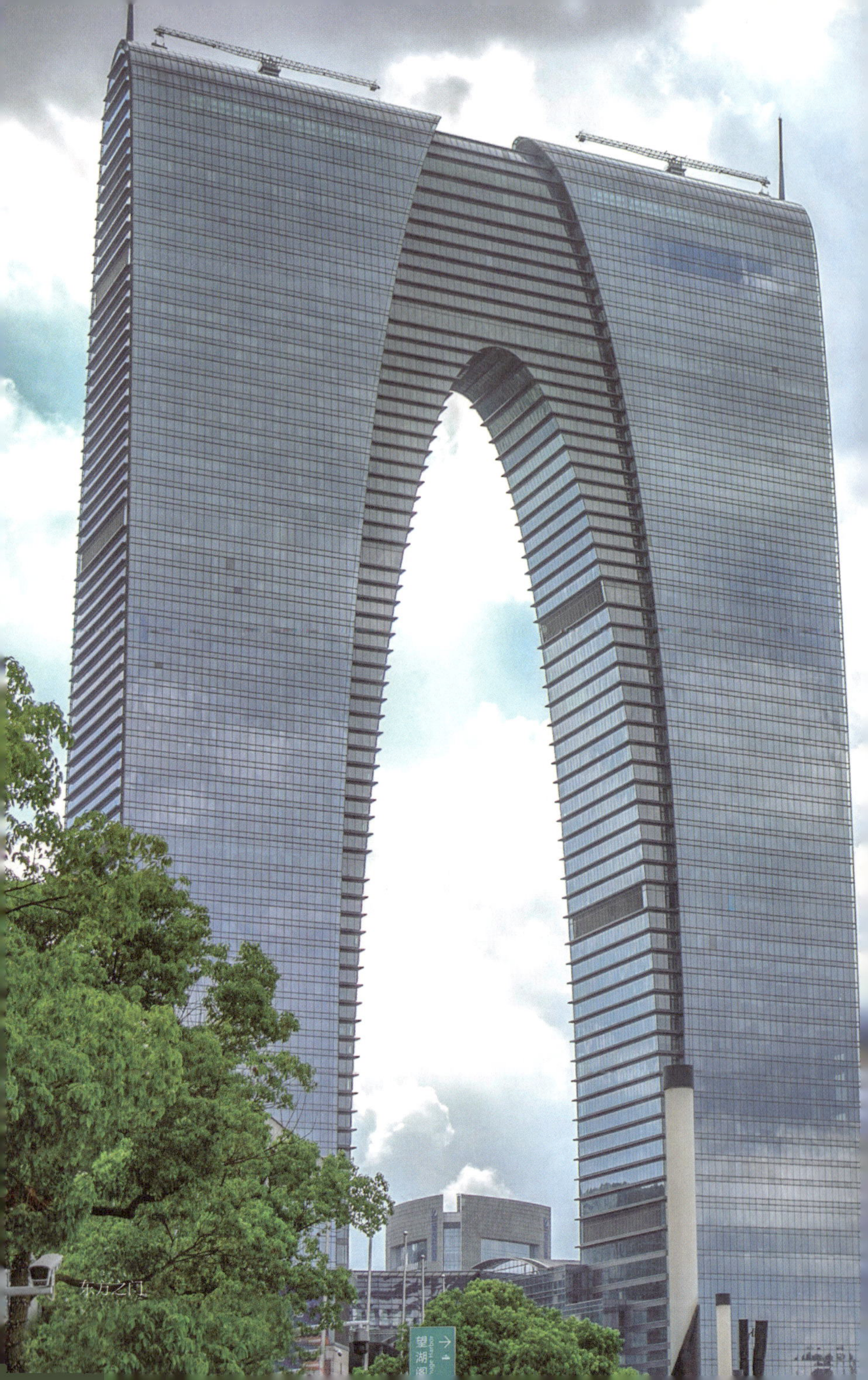

东方之门

下一站，金鸡湖

苏州是一座古典与现代并存的"双面绣"城市，姑苏区的园林城市、工业园区环金鸡湖的都市潮流、虎丘区狮山街区的文艺生活，共同构成了Z世代的姑苏繁华图。

金鸡湖景区，是开放式国家5A级旅游景区，位于苏州工业园区，是全国唯一"国家商务旅游示范区"的集中展示和核心区。环金鸡湖区域是苏州地标建筑、购物商圈、高端餐饮和奢品酒店最为集中的区域。

造型独特的东方之门和国金中心，代表园区的现代高度；外观结合鸟巢与大珍珠设计的文化艺术中心、售卖美学与生活方式的诚品书店是苏城的文艺地标；月光码头的日落、金鸡湖喷泉的夜景、金鸡湖游船下的碧波荡漾，帆板上的乘风破浪，是悠闲的湖滨风光；圆融天幕是世界上最大规模的多媒体幕布，夜幕降临，浪漫灯火与艺术氛围，尽收眼底。

金鸡湖周边是苏州"夜生活"体验最为丰富的地带，遇到"来苏州旅游晚上去哪儿"的疑惑时，就来金鸡湖吧！

金鸡湖夜景

这里除了湖上夜游和商圈夜购，还有剧场、展览、市集、酒吧、Livehouse，尽可以释放天性、享受自由。

金鸡湖旅游推荐

类别	点位	地址
书店	诚品书店	月廊街 8 号诚品生活 2—3 层
	钟书阁	苏州大道西 119 号
展览	金鸡湖美术馆	观枫街苏州文化艺术中心 2 楼
	虹·美术馆	李公堤四期 17 幢
	明·美术馆	李公堤四期 15 幢
演艺	苏艺演艺文化集聚区	苏州文化艺术中心
	MAO Livehouse	李公堤 2 期 1912 酒吧街 A10 幢
	开心麻花《疯狂理发店》	苏州中心 B1 城市集市
市集	圆融天幕市集	圆融天幕
	苏州中心复古城市市集	苏州中心 B1
星级酒店	苏州 W 酒店	苏州中心 7 号楼
	苏州尼依格罗酒店	苏州大道东 409 号
	苏州洲际酒店	旺墩路 288 号
	苏州希尔顿酒店	苏州大道东 275 号
	苏州柏悦酒店	西洲路 69 号
	苏州中茵皇冠假日酒店	星港街 168 号
观景	金鸡湖游船	月光码头或望湖阁码头
	金鸡湖日落	月光码头附近水岸
	尼依格罗酒店 115 层酒吧	苏州大道东 409 号 115 层

2022 年底开业的**苏艺演艺文化集聚区**，内设极空间、魔术剧场、悬疑剧场、国风剧场、儿童剧场等 8 个演艺空间，联合国内外多个艺术机构驻场演出，每天推出各式演艺产品。来苏州旅游，不妨在密集的行程之余，来体验脱口秀、悬疑话剧小剧场、沉浸

式互动话剧、魔术剧、童话剧、评弹昆曲等，无论你是独自旅行还是亲子游、陪老人出行，都能有对应的观演选择。

苏州中心、圆融时代广场、诚品生活苏州、李公堤也是苏州网红餐饮和黑珍珠等品质餐饮集中的地区，拥有全球风味、各省美食，陷入"不知道吃啥"的疑问时，大可以随便找一家商场进去，丰富的选择定能满足食客挑剔的味蕾。

诚品生活苏州

下一站，太湖

万顷太湖，烟波浩渺。

太湖是中国第三大淡水湖，大部分水域在苏州境内。水的温润，孕育了太湖的万千景色。

太湖是充满古韵的，曾经的吴越争霸水上战场，收敛了冷兵器的锋芒，幻化出东西山的园林、古村、古寺、雕花楼；太湖是原生态的，宽阔的水面不是海又胜似海，浮光跃金，静影沉璧，湖畔的穹窿山和太湖国家湿地公园本真自然；太湖是休闲浪漫的，环太湖1号公路的湖滨自驾放飞身心，三山岛、漫山岛的离岛微度假生活愉悦身心……

太湖，是苏州乃至长三角区域居民的后花园，在云蒸霞蔚的风景中平息世事纷扰，息心忘返。太湖也是苏州人的花果园，春季的碧螺春茶，5月的东山白玉枇杷和西山青种枇杷，6月的杨梅，仲秋光福镇窑上村桂满陇上，吸引着人们寻味太湖，用舌尖记录季节的流转。

访古太湖

东山景区

东山是太湖人文景观最为集中的区域,除了**紫金庵**(P155),东山还有这些不可错过的小众人文历史景点。

雕花楼 保留有大量石雕、木雕、砖雕,堪称"江南第一楼",1922年开建,200余工匠日夜兴工,三年始成。雕刻取材广泛,既有花木纹饰,也有大量取材于传统故事的叙事雕花,观之目不暇接。(门票60元)

陆巷古村 明代内阁学士王鏊故里,全村有保存完好的明清古建筑30多处,是香山帮营造技艺的集中展示区,村内还保留有"探花""会元""解元"三座明代牌坊。(门票65元)

启园 紧邻太湖、占地50余亩的民国园林,由席启荪为纪念祖先在此迎驾康熙而兴建,又称席家花园。启园不同于传统苏州园林"螺蛳壳里做道场"的风格,借景太湖,以真山真水入园,开阔而不局促,与湖光山色融为一体,造园风格独树一帜。(门票45元)

陆巷古村　　　　　　　　　　启园

西山景区

以岛屿风光、历史村落、佛教文化景观为主要构成,尤以古村、古街、古民宅为特色,如**明月湾古村**、**东村明清古建筑群**等。

明月湾古村,相传因吴王夫差与西施在此赏月得名。村口有一条长长的古码头,孤独而富有诗意,是欣赏日落的绝佳打卡点。村内还有一棵千年香樟树,至今枝叶茂盛。

休闲太湖

三山岛　三山又称太湖"蓬莱",因一岛连三峰而闻名。考古发掘表明,三山岛是苏州境内最早有人类活动痕迹的地方,距今已有1万年历史,是"吴地文化之源"。同时,三山岛也因独特的山水形态,成为享誉苏州的度假胜地。出入小岛通常需要轮渡,更增添了这里遗世独立的氛围,环岛骑行、民宿小住,都是不错的选择。

上岛交通: 太湖长圻码头——三山岛先奇码头轮渡

太湖三山岛（张博摄）

漫山岛 四面环水、2001年才通电的原生岛屿。漫山岛有原生态的田园慢时光，有1951年建设的漫山小学改建的鸟类博物馆，有近年为游客兴建的灯塔，有可以看到漫天星空的露营基地，多元而慢节奏的生活，是漫山岛的主打体验。

上岛交通：太湖三号码头——漫山岛

雨花胜境 东山历史最悠久、面积最大的游览胜地，有石阶小道和环山路直达莫厘峰。景区内有100多株树龄百年以上的古树名木，是太湖畔的森林氧吧。"雨花"之名，源自明代，因上坞之中遍植桃木，每至仲春，花瓣飘落，如雨花从天纷飞而下。

下一站，古镇

从商业市镇到人文古镇

小桥流水，雨巷白墙，渔舟唱晚，欸乃绕梁。承载了无尽乡愁的江南古镇，填充了不知多少人的梦里水乡。

周庄、同里、甪直、木渎、黎里、震泽、锦溪……

这些知名的古镇，环绕苏州城乡，从明清以来因水路大宗贸易兴起的商业市镇，到人文景观集聚的文化重镇，再到乡镇企业披荆斩棘的工业小镇，直至今天的旅游休闲古镇，一部苏州水乡"小城镇"的历史，承载着时代变迁和观念迭代的"大问题"，成为苏州数百年城镇化发展的缩影。

沙溪古镇

数十年前，画家杨明义和陈逸飞用画笔，将水乡周庄的美，远播海内外。陈逸飞的一幅《故乡的回忆——双桥》，曾作为美国石油大王哈默访华时的赠礼。画中静谧美好的水乡风光，让一代人对江南水乡心驰神往。

黎里古镇

　　水乡古镇的旅游开发，曾经走过弯路。过度商业化、原居民的流失，令不少古镇面目全非，自由行游客一度唯恐避之而不及。不过，随着开发观念的不断升级，这些水乡也正在改变。

　　增设便民服务吸引原居民回归，保护性开放古建、古宅呈现人文风貌，引入博物馆、书店留住古镇的历史风物，吸引咖啡店、民宿等休闲度假商业入驻……

　　让水乡古镇变得更加可爱的新希望，仍在古镇之中。

　　2023年初，由苏州周庄、甪直、同里、沙溪、锦溪、震泽、黎里古镇牵头，11个江南水乡古镇将联合申报世界文化遗产。看得见生活、守得住乡愁的苏州水乡古镇，还在努力丰富着每一个"此心安处"的江南梦。

苏州热点古镇

周庄古镇

周庄古镇位于昆山、吴江、上海三地交界处，四面环水，因河成镇，依水成街，以街为市。明初富商沈万三曾久居周庄，**富安桥**、**沈厅**等景观和名菜万三蹄都与沈氏有关，周庄的街头巷尾仍处处流传着沈万三的传说。

周庄的井字形河道上，完好保存着14座建于元、明、清各代的古石桥，其中最著名的便是一横一竖、一方一圆的**双桥**。桥畔居民枕河而居，古镇内六成建筑仍保留明清时期的建筑原貌。

古镇外的**生命奥秘博物馆**，以生物塑化技术为核心，展示海洋生物、陆地脊椎生物和人体塑化标本收藏，为周庄增添了博物气息。

交通信息：苏州火车站北广场有大巴前往

同里古镇

位于苏州市吴江区，旧称"富土"，唐初改为"铜里"，宋代启用今名。与周庄的水墨风景不同，同里古镇以水和古建筑而出名。

同里有明清两代建筑 30 余处，其中最负盛名的当数世界文化遗产园林**退思园**（P106）。镇内有桥梁 49 座，最精华的是**吉利桥、太平桥、长庆桥**，合称三桥。同里习俗中，每逢婚嫁、添丁、过寿等家门喜事，亲属便相约"走三桥"。

同里古镇的水乡摇橹船体验颇佳，水道既不局促也不扁平，咿咿呀呀的摇橹声里，看着古建筑和桥梁划过视线，既有人间烟火，又是梦里江南。离古镇不远的**同里国家湿地公园**，4000 余亩湿地丛林，寓目皆是无尽绿野，可乘船穿行林间，感受轻氧生活。

交通信息： 苏州火车站北广场有大巴前往

震泽古镇

震泽古镇位于苏州市吴江区西南部,与浙江省毗邻,古称"吴头越尾",紧邻运河水系,水路交通便利。震泽古镇是一个拥有2000多年历史的江南名镇,也是中国著名的蚕丝之乡,主要景点有**师俭堂**、**慈云寺塔**、**王锡阐墓**等。

慈云寺塔(苏州市文广旅图库 震泽古镇提供)

黎里古镇

黎里镇位于苏州市吴江区,曾名梨花村,又名禊湖。古镇区现有明清民国建筑约16万多平方米,随市河呈丁字形分布,以古桥、暗巷、沿河廊棚等景观著称。

黎里古镇是著名爱国民主人士、诗人柳亚子的家乡,镇内有全国重点文物保护单位**柳亚子纪念馆**。黎里也是著名作家金宇澄的家乡,现在有越来越多《繁花》的读者前来寻访。

美籍收藏家杜维明先生建造的**六悦博物馆**坐落镇外,馆藏多达35000件,以建筑构件、古董家具、木雕石雕等各地民间文物著称,收藏着民间的历史记忆。

锦溪古镇

锦溪古镇位于昆山市西南,锦溪以水乡风貌和民间博物馆集群著称,素有"中国民间博物馆之乡"的美誉。锦溪最著名的景观莫过于镇口的廊桥,虽为现代修建,但木石结构的长桥纤细、清秀,简洁美观,同样是建筑妙品。此外还有**通神御院**、**陈妃水冢**、**莲池禅院**等景点,以及**宜兴紫砂壶博物馆**、**中国古代砖瓦博物馆**等民间博物馆。

锦溪廊桥

甪直古镇

甪直古镇位于苏州市吴中区,以水多、桥多、巷多、古宅多、名人多为特色,主要景点有**保圣寺**(P155)、**叶圣陶纪念馆**、**江南文化园**等。同时,甪直古镇传承有国家级非遗项目"甪直古镇水乡妇女服饰",由包头、拼接衫裤构成,又称为"青莲衫子藕荷裳",多以青色为底,是汉族民间服饰的代表。

出发，探索无边界博物馆

草鞋山先民手中抟动的陶土
吴越春秋的刀光剑影
魏晋名士思念的莼鲈味道
隋唐河海港口吞吐的商船
宋元平江纵横的城坊
明清四家笔下的山水气韵……

凡此种种
从蒙昧到文明，从尚武到崇文
太湖之滨的苏州，江南核心区域
时光流转，书写城史人文
气象万千，辐射江南
成为江南历史记忆的绝佳代表

开始你的探索吧
一本沉淀在城市的旅游指南
等待你亲自书写

手账・集章

手账·集章

手账·集章

手账·集章

手账·集章

手账·集章

手账·集章

苏州博物馆
微博

苏州博物馆
微信公众号

苏州博物馆
京东旗舰店

苏州博物馆
天猫旗舰店